Actividades *para el desarrollo de la* inteligencia *emocional* *en los niños*

Parramón

ACTIVIDADES PARA EL DESARROLLO DE LA INTELIGENCIA EMOCIONAL EN LOS NIÑOS

Proyecto y realización de ParramónPaidotribo, S.L.

Editor:
Jesús Araújo

Textos y realización de actividades:
GROP: Grup de Recerca en Orientació Psicopedagògica.
Barcelona. España
Rafael Bisquerra Alzina
Núria Pérez Escoda
Montserrat Cuadrado Bonilla
Èlia López Cassà
Gemma Filella Guiu
Meritxell Obiols Soler

Ilustraciones:
Ana Zurita

Coordinación de la obra:
ReMolino Servicios Editoriales

Diseño de la colección:
El ojo del huracán

Maquetación:
Leonardo Ribero

1ª. reimpresión de la 1ª. edición

Les Guixeres
C/ de la Energía, 19-21
08915 Badalona (España)
Tel.: 93 323 33 11 – Fax: 93 453 50 33
http://www.parramon.com
E-mail: parramon@paidotribo.com

Producción:
Sagrafic, S.L.

ISBN: 978-84-342-3399-7
Impreso en España

Actividades para el desarrollo de la inteligencia emocional en los niños

GROP:
Grup de Recerca en Orientació Psicopedagògica
Rafael Bisquerra Alzina
Núria Pérez Escoda
Montserrat Cuadrado Bonilla
Èlia López Cassà
Gemma Filella Guiu
Meritxell Obiols Soler

Parramón

Sumario

6 Sobre los autores
7 Introducción
10 **Conciencia emocional**
12 ¡Fíjate!
14 Menudo problema…
18 ¡La próxima vez me harás más caso!
22 Todo un artista
26 ¿Cómo te sientes?
28 Vencedores y vencidos
34 ¿Has visto mi libreta?
38 ¡S.O.S.!
40 Palabras emocionales
42 Más allá de las palabras
46 Cóctel de emociones
48 Cualidades y acciones
50 ¡Cuántas emociones!
52 ¡Menudas diferencias!
56 Recuerda…

58 **Regulación emocional**
60 Vamos a aprender a desenfadarnos
64 El gran rey conquistador
68 El semáforo
72 Respira y relájate
74 Boomerang
78 Positivo y negativo
80 ¿Mala suerte? ¿Buena suerte?
82 ¿Todo lo hago bien?
86 ¿Es cierto?

88 **Autonomía emocional**

90 Tarjeta de presentación
94 Me mimo, me siento, me quiero...
96 Una canción para mí
98 La caja
100 El tesoro de los recuerdos
102 Elogiarse
104 Me doy permiso para sentir
108 Crear y sentir
110 Me gusta cómo soy
114 Mi retrato
116 La flor de la amistad

118 **Habilidades socio-emocionales**

120 Qué hacer cuando algo no me gusta
126 Juguemos a adivinar
128 El rumor
132 A veces, hay que decir NO
138 No siempre es lo que parece
144 ¿Nos paramos a pensar?
150 La otra cara de la moneda
152 Igual, pero diferente

154 **Habilidades para la vida y el bienestar emocional**

156 ¿Puedes divertirte con algo aburrido?
158 ¡Vivo rodeado de gente maravillosa!
160 Mi vestuario
162 La importancia de las decisiones
166 Una ayuda no es una deuda
170 Mi actitud frente a las tareas
174 Querer es poder a pesar de...
178 Mis "talismanes secretos"
180 ¿Soy positivo y optimista?
182 Más vale prevenir que curar
186 Inventario de sucesos agradables
188 Puedo hacer cosas nuevas

190 Un libro de fundamental uso
192 Agradecimientos

Sobre los autores del libro

Los autores de este libro pertenecen al GROP (Grup de Recerca en Orientació Psicopedagògica), que es un grupo de estudio en la Universidad de Barcelona (España) que se dedica a investigar la orientación psicopedagógica en sentido amplio, aunque actualmente su principal actividad se centra en la Educación Emocional, entendida como un aspecto de la orientación para la prevención y el desarrollo humano. Este grupo se formó en 1997 con el fin de realizar investigaciones y formaciones en el campo de la Educación Emocional.

A continuación, ofrecemos un pequeño resumen de los currículos de cada uno de los autores que han participado en este libro.

Rafael Bisquerra Alzina. Doctor en Ciencias de la Educación, Licenciado en Pedagogía y Psicología, director del postgrado en Educación Emocional de la Universidad de Barcelona (España) y coordinador de GROP, cuya línea de investigación es la Educación Emocional.

Núria Pérez Escoda. Doctora en Ciencias de la Educación, profesora titular del Departamento de Métodos de Investigación y Diagnóstico en Educación de la Facultad de Pedagogía de la Universidad de Barcelona (España), codirectora del postgrado en Educación Emocional y coordinadora del GROP.

Montserrat Cuadrado Bonilla. Licenciada en Psicopedagogía, Filosofía y Ciencias de la Educación por la Universidad de Barcelona (España) y Diplomada en Profesorado de Educación General Básica por la misma universidad.

Èlia López Cassà. Profesora de Educación Infantil y Primaria, Formadora de Educación Emocional del Institut de Ciències de l'Educació de la Universidad de Barcelona (España).

Gemma Filella Guiu. Doctora en Filosofía y Ciencias de la Educación (Educación moral y cívica) por la Universidad de Barcelona (España) y Licenciada en Filosofía y Letras por la misma universidad. Ha realizado un postgrado en Educación Emocional por la Universidad de Lleida.

Meritxell Obiols Soler. Doctora en Ciencias de la Educación y Licenciada en Filología Catalana por la Universidad de Barcelona (España) y Diplomada en Magisterio (Ciencias Humanas) por la Escuela Universitaria Blanquerna. Formadora de profesorado y familias en Educación Emocional, Coach personal y ejecutivo, etc.

Introducción

Actividades para el desarrollo de la Inteligencia Emocional

La inteligencia emocional es uno de los aspectos importantes de una persona. Poseer inteligencia emocional favorece las relaciones con los demás y con uno mismo, mejora el aprendizaje, facilita la resolución de problemas y favorece el bienestar personal y social.

La inteligencia emocional la forman un conjunto de competencias relacionadas con la capacidad para gestionar de forma adecuada las propias emociones y, también, las ajenas. Poseer inteligencia emocional significa poner en práctica este conjunto de competencias (una competencia es una serie de conocimientos, capacidades, habilidades y actitudes necesarios para hacer las cosas de manera efectiva). Las competencias emocionales serán los conocimientos, capacidades, habilidades y actitudes necesarios para comprender, expresar y regular de forma apropiada nuestras emociones.

En este libro vamos a trabajar cinco bloques de competencias emocionales, uno por capítulo: Conciencia emocional, Regulación emocional, Autonomía emocional, Habilidades socio-emocionales y Habilidades para la vida y el bienestar emocional. La representación gráfica de estos bloques sería un pentágono:

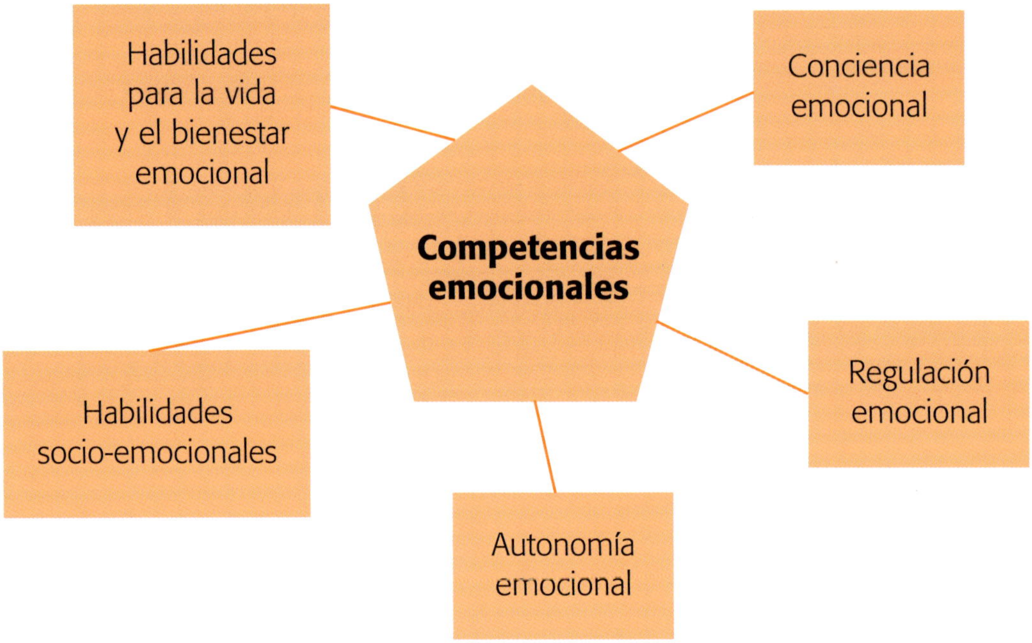

Las definiremos, muy brevemente, a continuación:

Conciencia emocional

Capacidad para tomar conciencia de las propias emociones y de las de los demás.

Regulación emocional

Capacidad para manejar las emociones de forma apropiada.

Autonomía emocional

Capacidad para autogenerarse las emociones apropiadas en un momento determinado. Esto incluye una buena autoestima, actitud positiva ante la vida y responsabilidad.

Habilidades socio-emocionales

Capacidad para mantener buenas relaciones con los demás.

Habilidades para la vida y el bienestar emocional

Comportamientos apropiados y responsables para afrontar los retos que se nos plantean, lo que nos permite organizar nuestra vida de forma sana y equilibrada, facilitando experiencias de satisfacción o bienestar. El bienestar personal aparece cuando experimentamos emociones positivas. La persona con inteligencia emocional es capaz de generarse emociones positivas y relacionarse satisfactoriamente con los demás.

Es importante comprender que adquirir inteligencia emocional no es fácil. Se necesita entrenamiento y mucha práctica. Para ayudarte en el desarrollo de la inteligencia emocional, te proponemos un buen número de actividades en cada uno de los cinco bloques de competencias mencionados. Mediante los ejercicios y actividades que encontrarás en las páginas que siguen, podrás entrenar y desarrollar la inteligencia emocional de los niños mediante una participación activa de los mismos.

Orientaciones para los adultos

Los padres y los educadores profesionales pueden contribuir en gran medida al desarrollo de las competencias emocionales de los niños. Lo que se necesita, en primer lugar, es tomar conciencia de la importancia que esto puede tener en sus vidas. A lo largo de este libro se aportan ideas y sugerencias que apoyan y justifican la necesidad y la importancia de estas competencias.

En segundo lugar, hay que aceptar que son competencias difíciles de desarrollar; se necesita mucho tiempo: años de esfuerzo y de entrenamiento. Con una simple observación, un comentario o una regañina no es suficiente. Se necesita paciencia, repetición, insistencia y entrenamiento diario.

En tercer lugar, y como consecuencia de lo anterior, hay que estar dispuestos a invertir tiempo, esfuerzo y atención para ayudar a los niños a regular mejor sus emociones. Una forma de hacerlo es a partir de preguntas. Estas preguntas se deben formular en el momento oportuno. Si poseemos la sensibilidad para hacer la pregunta adecuada en el momento oportuno, estaremos dando pasos hacia delante.

El tiempo que padres y educadores profesionales dediquen a ayudar a los niños a que gestionen mejor sus emociones será bien empleado. Es una tarea que merece la pena y que compensa con creces.

Conciencia emocional

La conciencia emocional se refiere a la capacidad para percibir, identificar y poner nombre a los sentimientos y emociones propias y de los demás. Esto supone conocer el vocabulario de las emociones. También significa comprender las emociones de los demás a través de las claves situacionales y expresivas (comunicación verbal y no verbal), de acuerdo con el significado que la cultura popular atribuye a ciertas situaciones.

Veamos un ejemplo de conciencia emocional. Piensa en cómo te sientes ante elementos como: el sol, el mar, la playa, el juego, un jardín, las flores, las montañas, los amigos, etc. ¿Cómo te sientes ante estos conceptos? Ahora piensa en cómo te sientes ante estos otros: amenazas, tormentas, rayos, truenos, relámpagos, inundaciones, serpientes, arañas, etc. ¿Hay diferencia entre el primer bloque de conceptos y el segundo? ¿Con qué tipo de conceptos te sientes mejor?

Esto es la conciencia emocional: tomar conciencia de las propias emociones en el momento en que nos relacionamos con otras personas y con objetos.
Para desarrollar tu competencia emocional vas a realizar un conjunto de actividades. Son como juegos, pero debes pensar y tomar conciencia de cómo te sientes. Las madres y los padres pueden ayudar en la toma de

conciencia emocional haciendo preguntas como por ejemplo: ¿cómo te sientes?, ¿qué tienes ganas de hacer?, ¿cómo crees que se siente el otro?, ¿qué crees que tiene ganas de hacer?

Cuando decimos: «¿Cómo crees que se siente el otro?», con la expresión el otro nos referimos a múltiples situaciones posibles, ya sean reales o de ficción. Por ejemplo, cómo se siente el personaje de un cuento en un momento de conflicto; cómo se siente el protagonista de una película; cómo se siente un compañero cuando ha sacado buena nota en un trabajo; cómo se siente cuando otros compañeros le insultan, etc.
Esta toma de conciencia también conlleva analizar cómo te sientes cuando te relacionas con una persona diferente a ti. Puede ser diferente por muchas razones: es más pequeño, o va sucio, o habla otra lengua, o es de otro país, o de otra cultura, o de otro color, tiene otra religión, otra forma de pensar, etc.

Debemos reconocer que a veces no nos sentimos bien ante ciertas situaciones y ante ciertas personas. Pero esto no es motivo para que no debamos respetar la forma de ser diferente que tiene la gente. En todo caso debemos comportarnos con dignidad, cortesía y respeto. Esto significa comportarse con regulación emocional, aspecto que veremos en el capítulo siguiente. La regulación emocional y la prevención de conflictos empiezan con la conciencia emocional. Se puede decir que la conciencia emocional es la primera de las competencias emocionales y la que hace posible las demás.

Cuando realices las actividades de este capítulo piensa: ¿cómo me siento?, ¿cómo se siente?, ¿qué tengo ganas de hacer?, ¿qué tiene ganas de hacer?, ¿cómo puedo mejorar la situación?

¡Fíjate!

Objetivo

Reconocer e identificar las emociones de los demás.

Descripción

Imagínate a un grupo de niños y niñas jugando al escondite; en un rincón, sentado, está un niño, triste, con el que nadie juega.

Piensa y responde a las siguientes preguntas

- ¿Cómo crees que se sienten los niños y niñas que juegan juntos?
- ¿Cómo se siente el niño que no juega con los demás? ¿Por qué?
- ¿Qué harías tú para ayudar al niño que está triste y solo para que se sintiera mejor?

A continuación, dibuja en un papel las expresiones de la cara del niño triste y la expresión de algunos de los que juegan al escondite.

Material: utiliza lápices de colores para dibujar las expresiones de las caras.
Participantes: individual, pero también en grupo.
Edad: a partir de 8-9 años.

Se sienten TRISTES

Se sienten CONTENTOS

Observaciones para los educadores

En el caso de trabajar esta actividad en grupo, se propone escenificar la situación expuesta y que el grupo aporte posibles soluciones para ayudar al niño triste a sentirse mejor.

Posibles soluciones

1. Ir a buscar al niño que está triste y preguntarle si quiere jugar con vosotros.
2. Sentarte al lado del niño que está solo y hablar con él.
3. Ir con tus amigos a buscar a ese niño para invitarle a jugar al escondite.
4. Preguntarle por qué está triste y si le puedes ayudar en algo.

Menudo problema...

Objetivo
Expresar quejas o insatisfacciones en situaciones del día a día.

Descripción
Imagínate la siguiente situación.

1. Juan es un niño muy aplicado. Hace los deberes, estudia mucho y se porta bien en clase.

2. Alberto es el chico que se sienta a su lado y es un niño que suele portarse mal, no hace los deberes y copia los de Juan.

3

3. Llega un día en que Juan se cansa de esta situación y decide decírselo a su tutor.

4

4. El tutor se enfada con Alberto, le pone un castigo y, además, se lo cuenta a sus padres.

5

5. Alberto se echa a llorar y le pide al tutor que no se lo diga a sus padres, porque se van a enfadar mucho.

6

6. Los amigos de Alberto acusan a Juan de chivato y se burlan de él en el patio. Otros niños de la clase saben que Alberto casi siempre copia los deberes de Juan, pero no se atreven a decir nada.

Reflexiona sobre el problema de Juan a partir de las siguientes preguntas

- ¿Qué crees que piensa Juan cuando Alberto copia sus deberes?
- ¿Cómo se debe de sentir cuando a Alberto le ponen también buena nota, sabiendo que esos deberes los ha hecho él?
- ¿Qué opinión te merece que Juan haya decidido contárselo a su tutor?
- ¿Cómo se siente Alberto cuando Juan le explica al tutor que copia los deberes?
- ¿Cómo se sienten los amigos de Alberto al ver que se echa a llorar y tiene miedo de que sus padres se enfaden?
- ¿Qué te parece el comportamiento de los amigos de Alberto cuando acusan a Juan de chivato y se burlan de él?
- ¿Qué piensas de los compañeros que saben que Juan tiene razón y no se atreven a decirlo?
- ¿Qué harías tú si te pasara lo mismo que a Juan? ¿Y qué harías si fueras su amigo?

Valoración del problema

Juan cree que es injusto que Alberto copie los deberes que él hace con tanto esfuerzo y dedicación.

Juan se siente enfadado porque Alberto no se merece una buena nota, porque lo único que ha hecho es copiar los deberes; y también se siente frustrado porque no se atreve a contárselo al tutor.

Juan tiene todo el derecho a explicar su problema y, además, demuestra ser valiente al ser capaz de explicarle al tutor lo que pasa.

Alberto se siente enfadado y asustado cuando Juan le cuenta al tutor que le copia los deberes.

Los amigos de Alberto se sienten tristes y preocupados al ver que se echa a llorar y tiene miedo de que sus padres se enfaden; y se enfadan con Juan por haberle delatado.

La forma de comportarse de los amigos de Alberto al acusar de chivato a Juan y burlarse es injusta, porque Alberto no estaba actuando correctamente y se aprovechaba del trabajo y el esfuerzo de Juan.

Los compañeros que saben que Juan lleva razón y no se atreven a decirlo, demuestran poco compañerismo y poca valentía para defender a Juan de una situación que saben que no es correcta.

En una situación como ésta, Juan actúa muy bien al explicarle a su tutor lo que está ocurriendo. Si fuéramos amigos de Juan, lo más correcto sería defenderle ante el tutor.

¡La próxima vez me harás más caso!

Objetivo

Ser prudente ante los peligros.

Descripción

Es probable que hayas oído el mensaje del título de la actividad más de una vez, y también que esta frase te la dijera alguien mayor (tu madre, tu padre, la maestra...). Imagínate la siguiente situación:

¡Oh, qué bonitos!

1. A María le han regalado unos patines para su cumpleaños.

2. Tiene muchas ganas de estrenarlos y le pregunta a su padre si puede jugar un rato con ellos en el jardín que hay delante de su casa.

¡Voy al jardín!

3. Su padre le da permiso, pero le dice que tiene que ponerse el casco para evitar hacerse daño si se cae.

¡Ponte el casco!

¡Qué fácil!

4. A María le da vergüenza llevar casco, y decide no ponérselo.

¡Ay, que me mato!

5. Cuando está en el jardín y ve lo sencillo y divertido que es patinar con sus patines nuevos empieza a ir cada vez más rápido y, sin darse cuenta, llega hasta una rampa, no puede frenar a tiempo, se cae y se da un fuerte golpe en la cabeza.

6. María vuelve a casa llorando desconsolada y con un buen chichón en la cabeza, que le duele muchísimo. Su padre, mientras la está curando, le recuerda su advertencia de llevar el casco y, a continuación, le dice: «¡La próxima vez me harás más caso!».

¡María, te lo advertí!

6

Haz un dibujo que te recuerde la situación vivida.

Material: papel, lápiz y lápices de colores.
Participantes: individual, pero también en grupo.
Edad: recomendable a partir de 10 años.

Reflexiona sobre el accidente de María a partir de las siguientes preguntas

- ¿Qué le ha pasado a María?
- ¿Por qué crees que le advirtió su padre de la necesidad de llevar casco?
- ¿Por qué María no le obedece?
- Finalmente, ¿tenía razón su padre? ¿Por qué?
- ¿Cómo crees que debió de sentirse el padre al darse cuenta de que María no le había hecho caso?
- ¿Qué has aprendido de lo que le pasó a María?

Valoración del problema

María ha estrenado sus patines y no hace caso de la advertencia de su padre de ponerse un casco. Se cae y se lastima en la cabeza, por lo que su padre la reprende diciéndole que otro día le hará más caso.

El padre quería que María llevara casco para que no se hiriera en la cabeza, si se caía.

María no obedece a su padre porque le da vergüenza llevar casco.

Al final, quien tiene razón es el padre, porque María se cae y se da un golpe en la cabeza.

Al principio, el padre debió de asustarse por el golpe de María, aunque también estaría enfadado y triste porque María no le hizo caso.

De esta situación, debes aprender a hacer más caso de las advertencias que te hacen padres, maestros y otras personas mayores.

Los adultos no dicen las cosas para fastidiar, sino por tu bien.

Todo un artista

Objetivo
Aceptar que no todos interpretamos la realidad de la misma forma.

Tristeza
Alegría
Rabia
Miedo
Vergüenza

Descripción

Utiliza un papel o una cartulina para hacer un dibujo que represente una emoción que sientas ahora o hayas sentido en algún momento (alegría, tristeza, miedo, vergüenza o rabia). ¡No escribas con palabras qué emoción estás representando, sólo sírvete de tu dibujo!

?

?

?

?

A continuación, enseña tu dibujo a varias personas, cuantas más, mejor. Por ejemplo a tus padres, hermanos, vecinos, compañeros de clase, amigos… Ahora, pídeles que escriban en la parte de atrás la emoción que creen que representa tu dibujo.

Material: papel y lápices de colores.
Participantes: trabajar en grupo.
Edad: recomendable a partir de 10 años.

1

¡Dibuja!

2

¡Enseña el dibujo a tus padres!

¡Tus padres opinan!

3

¡Enseña el dibujo a tus hermanos!

4

5

¡Tus hermanos opinan!

¿Estás de acuerdo con sus opiniones?

6

Fíjate en lo que han escrito

- ¿Lo que han puesto coincide con lo que tú querías representar en tu dibujo?
- ¿Hay alguna palabra que no sepas por qué la han escrito? Si no entiendes el porqué, ¿qué puedes hacer para entenderlo?
- ¿Has conseguido resolver este «misterio» de las palabras?
- ¿Esta actividad te ha enseñado algo?

Valoración del problema

Es posible que algunas de las palabras que han escrito coincidan con la emoción que querías expresar en tu dibujo, pero quizás te haya sorprendido comprobar que han puesto emociones que no tienen nada que ver con lo que tú pretendías.

Si lo preguntas, a lo mejor te das cuenta de que era posible interpretar tu dibujo de forma distinta a la tuya. Puede ocurrir que, tras oír la explicación, ya comprendas por qué alguien ha descrito tu dibujo con una palabra que no acababas de comprender.

Puede que no acabes de entender algo de lo que hayan escrito sobre tu dibujo. Entonces, lo mejor es preguntar directamente a quien lo haya puesto.

A partir de esta actividad te darás cuenta de que las personas podemos entender cosas de manera muy diferente aunque estemos viendo lo mismo, y que el mejor modo de comprender algo que no entendemos es preguntarlo.

¿Cómo te sientes?

Objetivo

Reconocer las emociones a través de las expresiones faciales y adquirir vocabulario emocional.

Descripción

Observa atentamente estas caras que, como puedes comprobar, muestran distintas emociones. Responde, ¿qué te sugieren?

¿Miedo?

¿Alegría?

¿Rabia?

¿Tristeza?

¿Sorpresa?

Piensa y responde a las siguientes preguntas

- ¿Qué emoción representa cada una de estas caras?
- ¿Cómo reacciona la gente ante cada una de estas emociones?
- ¿Qué tendría que pasarte a ti para que sintieras estas emociones?
- ¿Cómo crees que reaccionarías?

Valoración del problema

Es posible que cada una de las caras te hayan sugerido lo siguiente:

Sorpresa *Miedo*

Tristeza *Rabia*

Alegría

Ante la sorpresa es posible que te cueste reaccionar de inmediato, ya que se produce ante una situación inesperada.

Cuando estás triste quizás tengas ganas de llorar o de estar callado y solo, aunque también puede ser que necesites que alguien esté a tu lado para consolarte y hacerte compañía.

La alegría nos apetece compartirla con los demás.

En cambio, cuando has sentido miedo quizás te haya costado reaccionar, ya que el miedo nos paraliza, aunque a veces nos hace sentir la necesidad de huir o buscar protección.

La rabia nos hace tener ganas de expresar lo que sentimos, atacar o gritar.

Vencedores y vencidos

Objetivo

Reconocer las emociones de los demás y las propias.

Descripción

Vas a leer un cuento titulado *Vencedores y vencidos*. Nos iremos deteniendo en distintas partes para ir analizando qué emociones crees que van surgiendo a partir de las circunstancias. Así pues, pon mucha atención, porque esta emocionante historia está a punto de empezar.

Hoy se celebra la final de atletismo de los 1.000 metros libres en el Estadio Olímpico. Los corredores hace meses que están preparándose para esta final. En estos momentos, están a pie de pista, calentando, mientras aguardan el pistoletazo de salida. Finalmente, llega el momento esperado y los diez corredores se lanzan a la pista intentando dar lo mejor de sí mismos.

Responde a las siguientes preguntas

- ¿Qué emociones piensas que debe sentir un atleta días antes de una gran final?
- ¿Y unos instantes antes de empezar la carrera, cuando está esperando el pistoletazo de salida?
- ¿Y cuando inicia la carrera?

Valoración del problema

Un atleta debe de sentir nerviosismo e inquietud antes de una gran final, al igual que en los minutos anteriores a la carrera. En cambio, cuando inicia la carrera es probable que ya no sienta nada en especial, aparte de las ganas de luchar y ganar.

Al cabo de unos momentos, tres corredores, dos de los cuales son del mismo equipo, se separan del resto y encabezan la carrera. Dos de ellos, Sergio y Marcos, aparte de compañeros son excelentes amigos dentro y fuera de la pista.

Responde a las siguientes preguntas

- ¿Qué deben sentir los tres corredores cuando ven que van avanzando a sus adversarios y comienzan a liderar la carrera?
- ¿Qué sienten el resto de corredores cuando empiezan a quedarse atrás?

Valoración del problema

Los tres corredores cuando ven que van avanzando a sus adversarios y comienzan a liderar la carrera deben de sentir alegría y mayor motivación, a diferencia del resto de corredores que quedan más atrás, que es posible que sientan rabia, frustración o quizás resignación.

La carrera se desarrolla con normalidad, y los tres corredores líderes enfilan la recta final, a mucha distancia del resto de participantes. Faltan 100 metros para llegar y los tres atletas se preparan para el sprint final. ¡O ahora o nunca! Sergio empieza a sacarles una ligera ventaja a los otros dos.

Reflexiona sobre las siguientes preguntas

- ¿Qué deben de sentir los tres corredores en este tramo final?
- ¿Qué deben pensar?
- ¿Qué debe pensar y sentir Sergio cuando encabeza la carrera en estos últimos metros? ¿Y Marcos, su compañero de equipo?

Valoración del problema

Los tres corredores en este tramo final deben de sentir una máxima concentración y ganas de ganar a los adversarios, aunque Sergio en los últimos metros debe de sentirse orgulloso y satisfecho por estar situado el primero.

Pero a veces, las cosas pasan cuando uno menos se lo espera. Sergio se cae aparatosamente, quejándose de un fuerte dolor en la pierna derecha. Los otros dos corredores le alcanzan y continúan los 50 metros que faltan para terminar la carrera. Marcos avanza al otro atleta, y gana la carrera.

Reflexiona

- ¿Cómo debe de sentirse Sergio al caerse?

Valoración del problema

Sergio debe sentirse frustrado y muy enfadado al caerse, porque debido a su caída no es el vencedor de la carrera que había liderado.

Y ya que las cosas pasan cuando uno menos se lo espera, Sergio consigue levantarse con mucha dificultad y avanzar lentamente por la pista, con una conmovedora expresión de dolor en su rostro. El resto de corredores, que venían unos metros tras los líderes, van llegando, y con ellos el tercer compañero del equipo de Sergio, que se detiene para ayudarle a atravesar la meta. Llegan los últimos, pero son los más aclamados por el público.

Reflexiona sobre las siguientes preguntas

- ¿Cómo debe de sentirse Sergio al llegar a la meta con la ayuda de su compañero de equipo?
- ¿Y el compañero que renuncia a la carrera para ayudar a Sergio?
- ¿Cómo debe de sentirse Marcos al ver que Sergio es aclamado por el público cuando atraviesa la meta?

Valoración del problema

Sergio debe de sentirse contento, orgulloso y agradecido por la ayuda de su compañero. En el caso de Marcos, quizá se sienta contento al comprobar que Sergio consigue llegar a la meta, aunque a lo mejor también pueda sentirse algo celoso por la aclamación que Sergio recibe del público a pesar de no haber sido el ganador.

Fíjate en que una misma situación puede hacer sentir diferentes emociones a las distintas personas que la están viviendo, e incluso puede suceder que nosotros mismos sintamos varias emociones a la vez.

¿Has visto mi libreta?

Objetivo
Valorar la importancia de ser sinceros y decir la verdad.

Descripción

Lee la siguiente historia y termínala con un final que te guste.

1. Había una vez dos compañeras, Susana y Cristina, que se sentaban juntas en clase.

¡Mira, tengo una libreta nueva!

1

2. Un día, Susana llegó con una libreta nueva que lucía en la tapa los personajes de los dibujos animados de moda en televisión.

2

3. A Cristina, la libreta le encantó, y cuando estaban a punto de salir al recreo de la mañana, Cristina cogió disimuladamente la libreta de Susana y la metió en su cartera.

3

4. Al regresar de nuevo a clase, Susana vio que su libreta no estaba en la mesa y le preguntó a Cristina si la había visto. Cristina le respondió que no…

Continúa esta historia explicando cómo te gustaría que terminase.

¿Qué título le pondrías?

Valoración del problema

Todos nos podemos equivocar alguna vez y actuar de forma incorrecta, pero siempre estamos a tiempo de rectificar nuestros errores y pedir perdón. Por algo será que dicen que de los errores es de lo que más aprendemos. Lo más importante es aprender la lección para que no volvamos a caer en el mismo error.

Contesta las siguientes preguntas

- ¿Alguna vez has dicho una mentira? ¿Cuándo? ¿Por qué?
- ¿Cómo te sientes al mentir?
- ¿Alguna vez te han mentido? ¿Cómo te has sentido al descubrirlo?
- ¿Por qué no te gusta que te mientan?

Valoración del problema

A veces mentimos por miedo a que nos riñan o para no hacer enfadar a alguien, pero la mentira nos hace sentir culpables y sentimos remordimientos. Cuando nos mienten nos sentimos decepcionados y con frecuencia nos enfadamos con la persona que nos ha mentido, porque no se ha atrevido a decirnos la verdad. Además, las mentiras suelen provocar que nos cueste volver a confiar en las personas que nos mienten.

¡S.O.S.!

Objetivo
Saber qué se puede hacer para ayudar a los demás y qué se siente al hacerlo.

Descripción

Observa la siguiente imagen.

Reflexiona sobre la imagen a partir de las siguientes preguntas

- ¿Qué ves en esta imagen?
- ¿Cómo crees que debe de sentirse la persona que se deja ayudar?
- ¿Cómo crees que se siente la persona que está ayudando?

Escribe en una hoja aparte a qué personas sueles ayudar y en qué situaciones las ayudas utilizando el siguiente cuadro como modelo:

Personas a las que ayudo	Situaciones de ayuda
A mis padres	Ordeno mi habitación
A mis hermanos	Acompaño al pequeño
A mis abuelos	Les alcanzo lo que me piden
A mis amigos	Les presto el balón
A mis compañeros	Los defiendo
A mi profesora	La respeto
A otras personas, como por ejemplo mis vecinos	Les doy las gracias cuando me acompañan a casa

Reflexiona sobre las siguientes preguntas

- ¿Cómo te sientes ayudándolas?
- Y ellas, ¿cómo crees que se sienten?

Palabras emocionales

Objetivo

Reconocer y expresar emociones plásticamente.

Descripción

¿Cómo harías para que la palabra «sorpresa» expresara sorpresa? ¿Y para que «enfado» pareciera enfadada? Vamos a explicarlo.

Material: folio blanco o cartulina, lápices de colores o rotuladores y todo el material que se te ocurra.
Participantes: individual, pero también en grupo.
Edad: recomendable a partir de 10 años.

Vergüenza

Miedo

Enfado

Sorpresa

Amor

Alegría

Tristeza

De la lista de emociones que hay a continuación escoge una. Cuando tengas el material necesario, coloca el folio o cartulina en horizontal y representa el nombre de la emoción elegida, del modo más original y artístico que se te ocurra. Fíjate en el siguiente ejemplo:

Alegría

Miedo

Amor

Tristeza

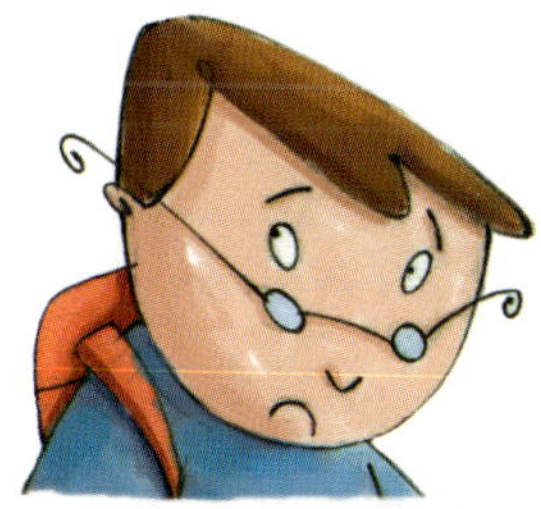

Vergüenza

Sorpresa

Enfado

Reflexiona sobre las siguientes preguntas

- ¿De qué color te imaginas la alegría? ¿Y la rabia? ¿Y la vergüenza?
- ¿Serías capaz de dibujar una de las letras de la palabra «tristeza» con unos ojos llorando, o «alegría» con una boca sonriente? ¿De qué tamaño podrían ser las letras de la palabra «rabia»?

Fíjate cómo podríamos representar la emoción «rabia»:

Rabia

Más allá de las palabras

Conciencia emocional

Objetivo

Reconocer las emociones que contienen las expresiones que utilizamos de forma cotidiana.

Descripción

Concreta las emociones que hay tras estas expresiones.

1 Tenemos que intentarlo. ¡No podemos desaprovechar esta oportunidad!

Emoción:

2 ¿Crees que he actuado de forma correcta?

Emoción:

3 ¿Te parece lógico que siempre me esté pidiendo favores?

Emoción:

4 ¡Ha sido increíble! No olvidaré jamás este día tan especial.

Emoción:

5 Siento no haber podido asistir a tu fiesta de cumpleaños.

Emoción:

6 ¡No sé cómo no se nos ha ocurrido antes!

Emoción:

Material: listado de emociones.
Participantes: los que se quieran.
Edad: a partir de 8 años.

6

Respuestas

1. Esperanza, ilusión. 2. Duda, incertidumbre, inseguridad. 3. Enfado. 4. Alegría, ilusión, admiración, sorpresa. 5. Tristeza, arrepentimiento. 6. Sorpresa.

Valoración del problema

Habrás podido observar que más allá de las palabras la forma que tenemos de expresarlas nos permite descubrir qué emoción hay detrás de ellas. Por lo tanto, con frecuencia lo importante no es sólo lo que dices, sino también cómo lo dices: tu tono de voz, el volumen, el ritmo de tu forma de hablar, la entonación utilizada, sin olvidar la expresión de tu cara, la postura corporal y tus gestos. Todo comunica y expresa emociones, no sólo las palabras.

Cóctel de emociones

Objetivo
Comprender la ambivalencia emocional.

Descripción
Hay situaciones que pueden provocar más de un sentimiento distinto al mismo tiempo e, incluso, puede tratarse de emociones contradictorias, de manera que se acepta la ambigüedad emocional.

Concreta qué emociones sienten los protagonistas de estas historias y por qué:

El abuelo de Luis ha estado mucho tiempo enfermo en el hospital. Ha sufrido mucho y su familia también. Finalmente, ha fallecido.

Reflexiona

- ¿Qué emociones crees que debe sentir la familia?

Material: folio y lápiz para responder las preguntas.
Participantes: todos los que se quieran.
Edad: a partir de 9 años.

La madre de Carlos entra en la habitación de su hijo y descubre que no ha hecho la cama antes de salir de casa, como ella le había dicho, y que tiene toda la habitación desordenada y hecha un desastre.

Reflexiona sobre las siguientes preguntas

- ¿Cómo crees que se siente la madre de Carlos?
- ¿Por qué?
- ¿Has sentido alguna vez estas emociones o parecidas?

María tiene en casa un gatito que su hermano mayor recogió de la calle. Le encanta cuidarlo y jugar con él. Pero hoy se ha subido encima de su cama y con las uñas le ha destrozado las sábanas.

Reflexiona sobre las siguientes preguntas

- ¿ Cuáles son los sentimientos de María por su gatito?
- ¿Por qué?
- ¿Alguna vez has sentido estos dos sentimientos a la vez? ¿Cuándo?

Valoración del problema

Tal como has aprendido en actividades anteriores, a veces una misma situación nos puede provocar emociones diferentes, incluso contradictorias, como en la primera historia que acabas de leer, donde la familia debe sentirse triste por la muerte del abuelo de Luis, pero también aliviada porque ha dejado de sufrir.

Cualidades y acciones

Objetivo

Valorar las diferentes cualidades que tenemos las personas.

Descripción

Es difícil conocer las cualidades propias y las de los demás, pero puede ayudarnos tener en cuenta los hechos de las personas y los nuestros.

Relaciona las siguientes cualidades con las acciones que las caracterizan.

CUALIDADES	ACCIONES
1-Afectuosa	A-Actúa con justicia
2-Agradecida	B-Actúa sin alterarse
3-Altruista	C-Ayuda a los demás desinteresadamente
4-Amable	D-Busca la paz
5-Buena	E-Comprende y respeta los actos y sentimientos de los demás
6-Compasiva	F-Confía e inspira confianza
7-Comprensiva	G-No causa daño a los demás
8-Comunicativa	H-Practica la generosidad
9-Confiada	I-Practica la tolerancia
10-Generosa	J-Sabe dar cariño
11-Justa	K-Sabe dar las gracias
12-Noble	L-Sabe esperar
13-Paciente	M-Sabe lo que quiere
14-Pacífica	N-Sabe respetar a los demás
15-Respetuosa	O-Se comporta con educación y afecto con los demás
16-Responsable	P-Siempre actúa sin maldad ni doble intención
17-Segura	Q-Siempre está dispuesta a ayudar a los demás
18-Servicial	R-Siente pena por quien sufre
19-Tolerante	S-Tiene facilidad para comunicarse con los demás
20-Tranquila	T-Tiene responsabilidades

Reflexiona sobre las siguientes preguntas

- ¿Con qué cualidades te identificas más?
- ¿Qué haces para ser así?

Respuestas:

1-J-, 2-K, 3-C, 4-O, 5-G, 6-R, 7-E, 8-S, 9-F, 10-H, 11-A, 12-P, 13-L, 14-D, 15-N, 16-T, 17-M, 18-Q, 19-I, 20-B.

1. (Modificado de Carpena, A. (2001) Educació socioemocional a primària. Vic: Eumo.)

¡Cuántas emociones!

Objetivo
Relacionar emociones con acontecimientos del día a día.

Descripción
Escribe en una hoja aparte, siguiendo la ficha de recogida de información que te proponemos, la emoción que sentirías ante cada una de estas situaciones.

1. Vas en monopatín y te caes.

2. Tienes una pesadilla y te despiertas de golpe.

3. Tu compañero te quita el lápiz porque él ha perdido el suyo.

4. Se ha muerto tu perro.

5. No haces bien un ejercicio en clase.

6. Tu abuela viene a buscarte al colegio.

7. Te caes en el patio y te haces daño.

8. Te has olvidado en casa el bocadillo del desayuno. No puedes ir a casa y tienes hambre.

9. La maestra alaba un trabajo tuyo ante toda la clase.

10. Te peleas con tu mejor amigo.

Material: copia del cuadro o lista de 10 situaciones diferentes.
Participantes: uno o varios.
Edad: a partir de 8 años.

Situaciones	*Alegría*	*Tristeza*	*Ira*	*Miedo*	*Vergüenza*	*Amor*
1						
2						
3						
4						
5						
6						
7						
8						
9						
10						

¡Menudas diferencias!

Objetivo

Identificar las propias reacciones ante emociones y las de los demás.

Descripción

Cada emoción nos provoca una expresión distinta: lloramos, reímos, gritamos, sudamos, etc. Cada persona reacciona de forma diferente en función de cómo valora la situación vivida.

Sorpresa

Vergüenza

Rabia

Tristeza

Arrepentimiento

Ira

Recuerda

Incluso uno mismo no reacciona de la misma forma ante la misma emoción, y otras veces reaccionamos de manera parecida ante emociones distintas.

A continuación, en una hoja aparte y siguiendo el modelo de la ficha que te proponemos, escribe tres formas tuyas de reaccionar ante cada una de las emociones expuestas:

Mis emociones	*Mis reacciones*
Alegría	1. 2. 3.
Tristeza	1. 2. 3.
Miedo	1. 2. 3.
Ira	1. 2. 3.
Vergüenza	1. 2. 3.
Sorpresa	1. 2. 3.

Ahora, haz lo mismo pero consultando a tres personas cercanas a ti:

Emociones	***Persona 1***	***Persona 2***	***Persona 3***
Alegría			
Tristeza			
Miedo			
Ira			
Vergüenza			
Sorpresa			

Recuerda...

Objetivo

Revisar los conceptos trabajados en este bloque de conciencia emocional.

Descripción

Te vamos a proponer una serie de situaciones y tendrás que identificar la emoción más relevante en cada una.

¿Cómo te sentirías si no pudieras ir de excursión porque te pones enfermo?

¡Qué rabia, no puedo ir de excursión!

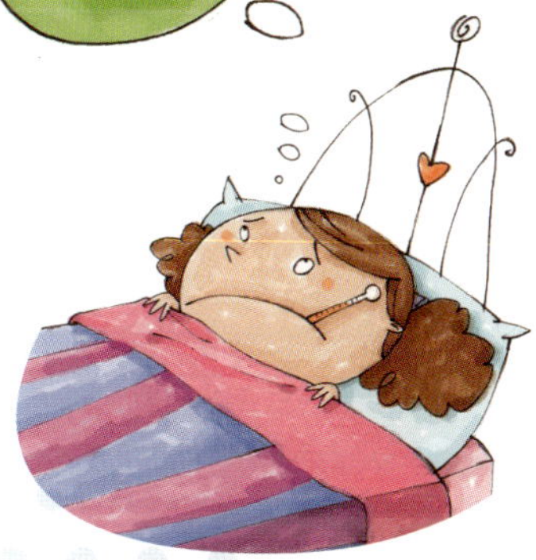

¿Cómo te sentirías si tuvieras fiebre?

¿Cómo te sentirías si tu mejor amigo se fuera a vivir a otra ciudad?

¿Cómo te sentirías si tu hermano pequeño te estropeara los deberes por querer jugar contigo?

¿Cómo te sentirías si tuvieras que hacer una representación teatral en público y tus padres hubieran acudido a verte.

¿Cómo te sentirías si hubieras cogido sin permiso de tus padres algo que tienes prohibido llevarte al colegio?

¿Cómo te sentirías si en tu cumpleaños no te regalaran lo que esperabas?

¿Cómo te sentirías si le regalaras un dibujo a tu maestra y se pusiera muy contenta?

¿Cómo te sentirías si hicieras un trabajo para el colegio muy bien hecho?

¿Cómo te sentirías si tus padres te llevaran de excursión a un sitio que te gusta mucho?

Recuerda

No hay respuestas buenas o malas.
Todas las emociones son buenas y necesarias.

Regulación emocional

La regulación emocional es la capacidad para gestionar las emociones propias y de los demás de forma apropiada. La regulación emocional es una buena estrategia para hacer frente a las situaciones críticas y de conflicto, como por ejemplo cuando uno se siente atacado, criticado, insultado, provocado, etc. Ante estas situaciones tendemos a atacar de la misma forma en que nos sentimos atacados. Sin embargo, esto puede ser peligroso. Si alguien te insulta y tú respondes insultándole a él, esto puede generar un conflicto de consecuencias impredecibles.

Muchas veces es preferible saber regular las emociones y esperar el momento oportuno para hablar. La regulación emocional también es la capacidad de autogenerar emociones positivas. Una emoción positiva puede ser, por ejemplo, decidir que voy a estar de buen humor por propia voluntad. Esto es mejor que estar de malhumor sin saber por qué. Curiosamente hay muchas personas que están frecuentemente de malhumor y no saben por qué. Una de las emociones que causan mayores problemas es la ira. Cuando hablamos de la ira nos referimos a un conjunto de emociones como la rabia, el enfado, la cólera, el odio, etc. Cuando tenemos estas emociones sentimos unas ganas muy fuertes de atacar, gritar, insultar, pegar, maldecir, etc. La regulación emocional consiste en saber mantenernos en nuestro sitio, de forma apropiada. Esto significa saber esperar, mantener la calma, «contar hasta diez» antes de decir nada, respirar profundamente... Solamente con esto ya se demuestra capacidad de regulación emocional. La ira tiene múltiples formas: rabia, cólera, rencor, odio, furia, indignación, resentimiento, aversión, acritud, hostilidad, enojo, celos, envidia, desprecio, rechazo, recelo, etc. La conciencia emocional nos lleva a identificar de qué tipo se trata.

Cualquiera de las formas en que se puede experimentar la ira predispone a la violencia. Muchas veces la violencia es consecuencia de la ira mal regulada. De ahí la gran importancia de la regulación emocional. La capacidad para regular la ira es una de las mejores estrategias para prevenir la violencia. Solamente por esto, debería ser obligatorio en las escuelas y en las familias aprender a regular la ira. Lo que ocurre es que esto es muy difícil. Se requiere mucho tiempo, esfuerzo y entrenamiento. Pero con interés, esfuerzo y dedicación se puede aprender. En algún momento, con más frecuencia de la que desearíamos, no logramos lo que queremos. Esto nos hace experimentar frustración.
La frustración es inevitable. En algún momento o en otro la experimentamos. Hay personas que no pueden soportar la más mínima frustración, lo cual les ocasiona muchos problemas.
Es importante aprender a tolerar la frustración. Esto no significa resignarse, sino aceptar la situación y no explotar o desesperarse ante el menor contratiempo. Esto es regulación emocional.
Es la perseverancia en el logro de los objetivos a pesar de las dificultades. La perseverancia implica tolerancia a la frustración, regulación emocional, voluntad y entusiasmo para continuar intentándolo a pesar de las dificultades. Muchas veces la perseverancia es la base del éxito.

La regulación emocional es esencial cuando se interactúa con otras personas, como ocurre con los compañeros de clase. Es esencial saber escuchar, no precipitarse, formular preguntas, aceptar silencios, introducir estrategias de mejora del clima emocional, etc. En este capítulo vas a realizar muchos ejercicios que te ayudarán a regular mejor tus emociones y así serás capaz de prevenir conflictos y te sentirás mejor.

Vamos a aprender a desenfadarnos

Objetivo

Identificar diferentes maneras de desenfadarnos.

Descripción

A veces nuestras reacciones no son las más adecuadas porque estamos enfadados.
Lo deseable sería saber expresar las emociones de forma positiva y evitar conflictos mayores.

Seguro que a veces te enfadas; la ira es una emoción universal y común entre las personas, aunque a veces trae problemas y complica un poco la vida...

Reflexiona a partir de las siguientes preguntas

- ¿Sabes cómo desenfadarte?
- ¿Qué haces para desenfadarte?
- ¿Te gustaría aprender a desenfadarte?

A continuación te explicaremos unas cuantas estrategias para desenfadarte.

1- Dejar pasar tiempo

A veces es bueno contar hasta diez o hasta mil, según el nivel de enfado que tengamos. Depende de cada persona y de cada situación, no hay un tiempo correcto ni incorrecto. A veces, incluso hay que dejar pasar días enteros antes de contestar a la persona que te ha hecho enfadar.

Material: papel y lápiz.
Participantes: individual, pero también en grupo.
Edad: recomendable a partir de 10 años.

- Aprovecha para distraerte haciendo algo que te guste y pensando en otras cosas.
- Acepta la responsabilidad / culpa que tienes al enfadarte con alguien.
- Es bien sabido que dos no se enfadan si uno no quiere. Ayuda mucho pensar si hemos hecho algo mal para que un amigo nos hiera. Si comprendemos (que no es fácil) que tampoco nosotros hemos actuado correctamente, será más sencillo hacer las paces.

2- Actitud positiva, optimismo, sentido del humor

Las personas optimistas son las que suelen ver el lado bueno de las cosas. Cuando uno se siente feliz no tiene ganas de fastidiar a nadie. También es bueno aceptar las bromas, no los insultos. Muchos chistes surgen a partir de desgracias.

3- Pensar las cosas de otra manera

A veces las cosas no son lo que parecen y debemos tratar de verlas de otra manera. Si cambiamos la manera de pensar sobre el problema, desaparece. ¡INCREÍBLE pero CIERTO!

4- Buscar soluciones a nuestros problemas

Si tenemos un problema y tiene solución, hay que buscarla.

Los siguientes pasos te pueden ayudar:

- Primero, piensa en varias soluciones.
- Segundo, busca ventajas e inconvenientes para cada solución.
- A continuación, escoge la solución que tenga más ventajas y menos inconvenientes.
- Pasado un tiempo deberías pensar si te has equivocado o no. Es muy IMPORTANTE entender que equivocarse es una de las mejores cosas que nos pueden pasar para aprender.

5- Respiración y relajación

Si supiéramos relajarnos, nuestro nivel de tensión se reduciría. Para relajarnos, es importante aprender a respirar. La música es un buen método para conseguirlo.

A ver si sabes relacionar, mediante flechas, cada frase con las estrategias adecuadas para desenfadarte:

Frases	*Estrategias*
1- Consultar con la almohada	A- Relajación y respiración
2- Respirar hondo varias veces	B- Cambiar la manera de pensar
3- No hay mal que por bien no venga	C- Dejar pasar tiempo
4- Pensar en el problema desde otro punto de vista	D- Actitud positiva
5- ¿Todo lo hago bien?	E- Buscar soluciones a los problemas
6- ¿Cuál es la mejor solución?	F- Aceptar la parte de responsabilidad

Respuestas: 1-C, 2-A, 3-D, 4-B, 5-F, 6-E

El gran rey conquistador

Objetivo

Aprender a controlar los impulsos emocionales, es decir, a regular la impulsividad.

Descripción

Presta atención al cuento clásico y popular que aparece a continuación: la historia que le pasó a un gran rey conquistador.

Allá por el año 1200 vivió Genghis Khan, que era un poderoso guerrero y muy buena persona. La historia que sigue nos narra un problema que tuvo y, aunque parezca imposible, nosotros también lo tenemos ahora, muchísimos años más tarde.

La historia se titula *El rey y su halcón* y empieza así:

Genghis Khan (1162-1227), cuyo imperio mongol se extendía desde el este de Europa hasta el mar de Japón, llegó un día con su ejército a China y Persia, y conquistó muchas tierras. En todos los países, los hombres referían sus hazañas, y contaban que desde Alejandro Magno no había existido un rey como él.

Una mañana, cuando descansaba de sus guerras, salió a cabalgar por los bosques. Lo acompañaban muchos de sus amigos. Cabalgaban jovialmente, llevando sus arcos y flechas. Sus criados les seguían con perros; era una alegre partida de caza. Sus gritos y risas resonaban en el bosque y esperaban obtener muchas presas. En la muñeca, el rey llevaba a su halcón favorito, pues en esos tiempos se adiestraba a los halcones para cazar. A una orden de sus amos, echaban a volar y buscaban a las presas desde el aire. Si veían un venado o un conejo, se lanzaban sobre él con la rapidez de una flecha. Durante todo el día, Genghis Khan y sus cazadores atravesaron el bosque, pero no encontraron tantos animales como esperaban y, al anochecer, emprendieron el regreso.

Material: papel y lápiz.
Participantes: individual, pero también en grupo.
Edad: recomendable a partir de 10 años.

El rey cabalgaba a menudo por los bosques, y conocía todos los senderos. Así que, mientras el resto de la partida tomaba el camino más corto, él eligió un camino más largo por un valle entre montañas. Había sido un día caluroso, y el rey tenía sed. Su halcón favorito había echado a volar, y sin duda encontraría el camino de regreso. El rey cabalgaba despacio, en una ocasión había visto un manantial de aguas claras cerca de ese sendero. ¡Ojalá pudiera encontrarlo ahora! Pero los tórridos días de verano habían secado todos los manantiales.

Al fin, para su alegría, vio agua goteando de una roca. Sabía que había un manantial más arriba. Durante la temporada de lluvias, siempre corría por allí un río muy caudaloso, pero ahora sólo caían unas gotas. El rey se apeó del caballo, tomó un tazón de plata de su morral y lo sostuvo para recoger las gotas que caían con lentitud.

Tardaba mucho en llenarse, y el rey tenía tanta sed que apenas podía esperar. En cuanto el tazón se llenó, se lo llevó a los labios y se dispuso a beber. De pronto, oyó un silbido en el aire, y le arrebataron el tazón de las manos. El agua se derramó. El rey alzó la vista para ver quién había sido. Era su halcón.

El halcón voló de aquí para allá varias veces, y al fin se posó en las rocas, a orillas del manantial. El rey recogió el tazón, y de nuevo se dispuso a llenarlo. Esta vez no esperó tanto tiempo. Cuando el tazón estuvo medio lleno, se lo acercó a la boca. Pero apenas intentó beber, el halcón se le echó encima y se lo arrebató de las manos. El rey empezó a enfurecerse. Lo intentó de nuevo, y por tercera vez el halcón le impidió beber. El rey montó en cólera. «¿Cómo te atreves a actuar así? ¡Si te tuviera en mis manos te retorcería el cuello!» Llenó el tazón de nuevo. Pero antes de beber, desenvainó la espada: «Amigo halcón, ésta es la última vez». No había terminado de pronunciar estas palabras, que el halcón bajó y le arrebató el tazón de la mano. Pero el rey lo estaba esperando. Con una rápida estocada, abatió al ave. El pobre halcón cayó, sangrando, a los pies de su amo. «¡Ahora tienes lo que te mereces!», dijo Genghis Khan. Pero cuando buscó su tazón, descubrió que había caído entre dos piedras y no podía recobrarlo. «De un modo u otro, beberé agua de esa fuente», se dijo.

Decidió trepar la empinada cuesta que conducía al lugar de donde goteaba el agua. Era un ascenso agotador, y cuanto más subía, más sed tenía. Al fin llegó al lugar. Allí había, en efecto un charco de agua. ¿Pero, qué había en el charco? Una enorme serpiente muerta, de la especie más venenosa. El rey se detuvo. Olvidó la sed. Pensó sólo en el pobre pájaro muerto. «¡El halcón me ha salvado la vida! ¿Y cómo se lo he pagado? ¡Era mi mejor amigo, y le he dado muerte!» Bajó la cuesta. Tomó suavemente al pájaro y lo metió en su morral. Luego montó a caballo y regresó deprisa, diciéndose: «Hoy he aprendido una lección, y es que nunca se debe actuar impulsado por la furia».

A ver si aciertas la respuesta correcta

1 ¿Cómo se llamaba el rey? ¿Genghis Khan o Genghis Man?
2 ¿Qué tipo de ave llevaba en el brazo? ¿Un buitre o un halcón?
3 ¿De qué material era el tazón del rey? ¿De oro o de plata?
4 ¿Cuántas veces derramó el halcón el agua del rey? ¿Dos o tres?
5 ¿Cómo consideraba el rey a su halcón? ¿Su compañero de caza o su mejor amigo?
6 ¿Cómo era la serpiente que había en el charco de agua? ¿Venenosa o verde?
7 ¿Qué crees que aprendió el rey? ¿Que nunca se debe actuar impulsado por la ira o que el agua de las montañas no puede beberse?

Ahora piensa en la historia

- ¿Qué crees que sentía Genghis Khan cuando no podía beber agua?
- ¿Cuál crees que fue su equivocación?
- ¿Te ha pasado alguna vez que cuando estabas enfadado has hecho alguna cosa o dicho algo de lo que luego te has arrepentido? Por ejemplo, cuando tus padres no te dejan ver más tiempo la televisión, cuando tienes que irte a dormir, etc.
- ¿Cómo te sientes?
- ¿Qué haces después?

Recuerda

Cuando estamos enfadados o cuando sentimos ira, es mejor no actuar inmediatamente porque incluso seríamos capaces de hacer mucho daño a nuestro mejor amigo. Es aconsejable dejar pasar un tiempo y pensar en todas las estrategias que conoces para desenfadarte para poder dejar de sentir ira o rabia y actuar correctamente.

El semáforo

Objetivo

Adquirir una estrategia para regular las emociones negativas.

Descripción

Observa el semáforo dibujado; puedes dibujar el tuyo propio, en una cartulina o papel. A partir de ahora, cada vez que te enfrentes a una situación que te irrite, te haga enfadar mucho o te sobrepase, mira el semáforo e identifícate con las fases que representa.

1. En primer lugar, piensa en la luz roja y párate. No grites, ni insultes, ni patalees. Tómate unos segundos para reflexionar.

2. En segundo lugar, piensa en la luz ámbar de los semáforos. En esta fase debes respirar hondo hasta que puedas pensar con claridad. Cuando lo hayas logrado, podrás pasar a la luz verde.

3. En este punto debes decir a los demás qué problema tienes y cómo te sientes, y tratar de encontrar una solución.

Material: papel y lápiz.
Participantes: individual o en grupo.
Edad: recomendable a partir de 10 años.

Veamos cómo actúa Alberto:

El hermano de Alberto ha tomado su radio prestada, pero a Alberto no le gusta que toquen sus cosas sin permiso.

Se enfada muchísimo y está a punto de insultar a su hermano.

Pero antes de nada, se acuerda de esta actividad y coge su semáforo.

Lo mira atentamente y se para, como indica la luz roja.

Luego respira hondo varias veces, como indica la luz ámbar.

Por último, piensa en la luz verde y le dice a su hermano que, por favor, cuando quiera tomar algo prestado le pida permiso.

Se lo dice con voz normal, sin gritar, tranquilo, y su hermano, al ver que se trata de algo importante para Alberto, le hace caso y a partir de entonces no le coge las cosas sin pedírselas primero.

Orientaciones para los educadores

Los adultos también pueden hacer esta actividad y, ante un enfado por algo que haya hecho el niño, coger el semáforo e ir señalando las fases por las que van pasando. Servirá para mostrarle al niño que este ejercicio es útil para controlar las propias emociones.

Trabajo en grupo

Escenificar situaciones conflictivas entre varias personas y utilizar el semáforo para resolverlas.

Respira y relájate

Objetivo
Aprender a relajarnos.

Descripción

Ahora, nos sentaremos o tumbaremos cómodamente e intentaremos relajarnos. Podemos tumbarnos en una colchoneta o en la cama.

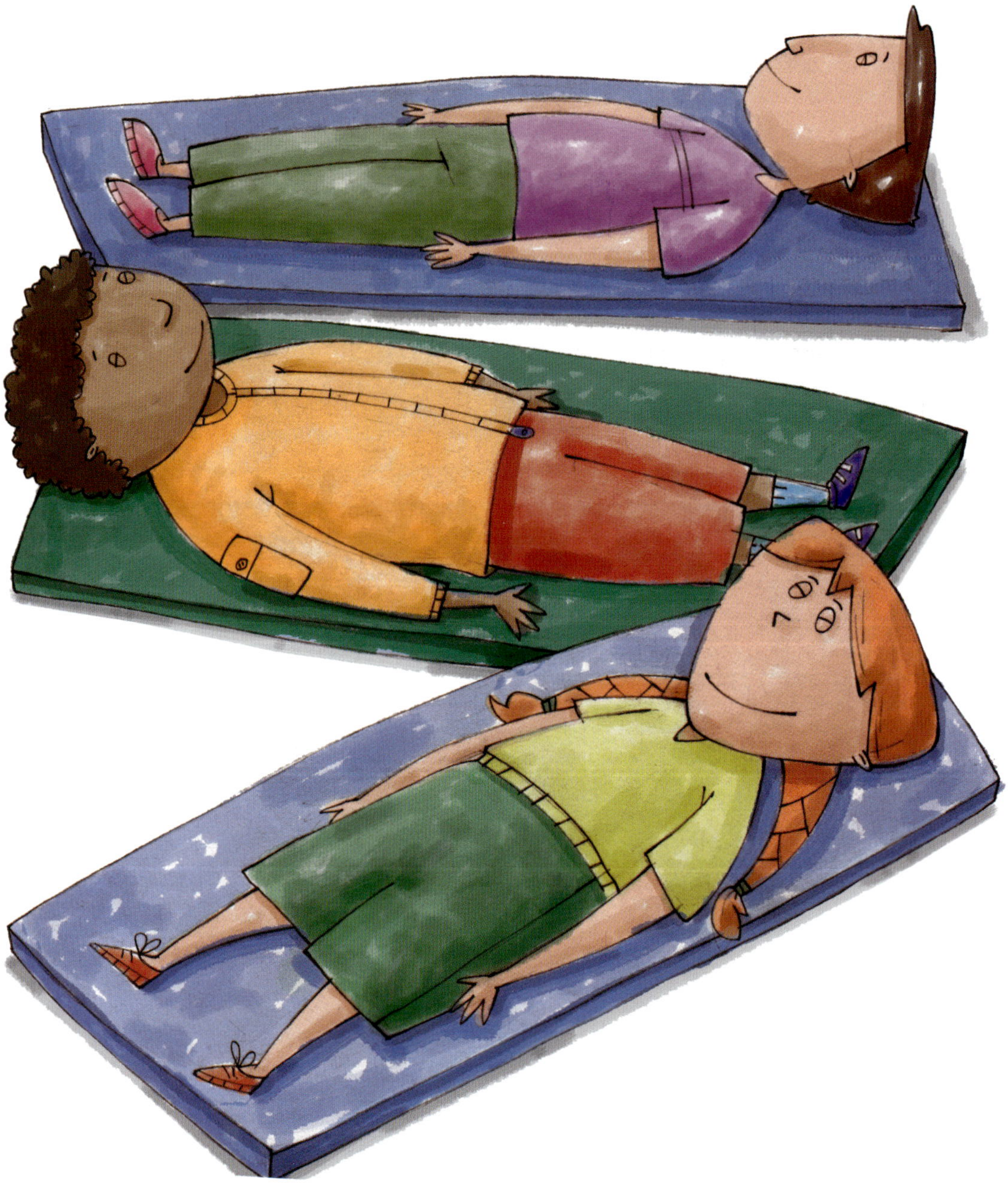

Para relajarnos, es importante respirar correctamente. Los padres o educadores pueden dar las pautas, tranquilamente: «inspiramos», «espiramos», en tono suave y rítmico. «Ahora voy a relajarme». Para realizar este ejercicio, podemos poner música de fondo relajante como ayuda.

Material: colchoneta.
Participantes: dos personas como mínimo, una para leer el texto.
Edad: especialmente adecuada para niños a partir de 8 años.

- Hago un recorrido por mi cuerpo, tomo conciencia de él... siento la cabeza, siento el cuello.
- Siento el brazo derecho, el antebrazo derecho, siento la muñeca derecha, la mano derecha, cada uno de los dedos: meñique, anular, medio, índice y pulgar. Especialmente el pulgar, siento su peso, y me relajo.
- Siento el brazo izquierdo, el antebrazo izquierdo, siento la muñeca izquierda, la mano izquierda, cada uno de los dedos: meñique, anular, medio, índice y pulgar, especialmente el pulgar, siento su peso, y me relajo.
- Siento la espalda, los lugares en que apoya, siento la presión y el peso, siento cómo la tensión se disuelve precisamente a través de los puntos de apoyo. Es como si mi tensión pasara al suelo gracias a los puntos en que noto el apoyo de la cabeza, de los brazos, de la espalda, de las piernas.
- Siento la pierna derecha, el muslo, la rodilla, los gemelos, el pie, el talón del pie derecho, y me relajo.
- Siento la pierna izquierda, el muslo, la rodilla, los gemelos, el pie, el talón del pie izquierdo, y me relajo.
- Mi respiración es tranquila, muy tranquila. Con cada respiración, mi cuerpo se relaja más y más; más relajado, más descansado.
- Tomo conciencia de este estado y lo guardo en mi memoria.
- Tomo conciencia de este estado de calma física, de tranquilidad emocional, de serenidad mental.
- Me preparo para abandonar el ejercicio, conservando todos los beneficios conscientes o inconscientes que me aporta. Contamos lentamente 1... 2...3...
- Abro y cierro las manos lentamente, tomando conciencia de las pequeñas articulaciones de los dedos.
- Tomo aire con más intensidad... realizando una respiración profunda y abro los ojos, conservando el estado de relax y calma que he logrado con este ejercicio de relajación.

Boomerang

Objetivo
Regular la emoción de la envidia y contribuir a hacer un mundo mejor.

Descripción

El otro día me contaron una historia que me gustó mucho; ahora te la voy a contar a ti.

Un hombre tenía un gran jardín lleno de flores preciosas. Eran las flores más vendidas de su país, todos los países del mundo lo sabían y querían comprarlas. Eran las flores más bonitas y las que mejor olían del mundo. Cada año, ganaba el premio a las flores más grandes y de mejor calidad; era la admiración de toda su región.

Un día, un periodista
le preguntó cuál era el secreto de su éxito.
El señor contestó:
– Mi éxito se debe a que, de cada cultivo, separo las mejores semillas y las comparto con mis vecinos para que ellos también las siembren.
– ¿Cómo? –dijo el periodista–. ¡Esto es una locura! ¿No tiene miedo de que sus vecinos se hagan tan famosos como usted y se queden con los premios?
El señor respondió:
– Lo hago porque, si ellos tienen buenos sembrados, el viento y las abejas devolverán a mi cultivo buen polen y buenas semillas, y la cosecha será mejor. Si no lo hiciera así, ellos sembrarían semillas de mala calidad y el viento las llevaría hacia mi cultivo. Sus semillas se cruzarían con las mías y harían que mis flores fueran de peor calidad.

Reflexiona sobre el texto

- ¿Te ha sorprendido que el señor de las flores comparta las semillas tan buenas que tiene con sus vecinos?

NADA	POCO	REGULAR	BASTANTE	MUCHO

Si te ha sorprendido, debes saber que es NORMAL: una de las razones de que te sorprenda puede ser que no estamos acostumbrados a compartir. Esto no significa que no podamos acostumbrarnos cada día un poco más, si lo intentamos de verdad.

- El señor de las flores era muy rico, ¿es posible que alguien tuviera envidia de él?

NO	POCA	REGULAR	BASTANTE	MUCHA

Si has pensado que alguien podía tener envidia del señor de las flores, debes saber que es NORMAL. La envidia es una emoción bastante común. Puede que esta historia que acabamos de contar te ayude a entender que la envidia no es necesaria ni conveniente; al contrario, si ayudamos a los demás es mejor para todos.

Reflexiona sobre las siguientes preguntas

- Cuando ayudas a alguien, ¿esperas algo a cambio?
- ¿Crees que puedes mejorar el mundo con lo que haces?

NUNCA	A VECES	SIEMPRE

Valoración del problema

Normalmente, aunque de forma inconsciente (sin pensarlo), cuando ayudamos a alguien esperamos algo a cambio.
Por ejemplo, cuando regalamos una cosa a alguien, esperamos que también nos dé algo más adelante. Esto es así porque la gran mayoría de veces funciona así, pero no es obligatorio y sufriríamos menos si cuando damos o ayudamos a otros pensáramos: «aunque él no nos ayude ni nos regale nada, yo estaré contento igual porque LO HAGO PORQUE QUIERO».

Recuerda

Tú eres como un granito, superimportante, de arena que puede contribuir a que el mundo sea mejor ayudando a los demás. Si todos hiciéramos lo mismo que el señor de las flores...

Positivo y negativo

Objetivo
Pensar las cosas de forma positiva.

Descripción

Normalmente, cuando las cosas no salen como nosotros queremos sentimos rabia, pero eso no significa que sea malo.

Reflexiona sobre este ejemplo

Has estado ahorrando para comprarte un juego que hacía mucho tiempo que deseabas. Cuando llegas a la tienda, te dicen que tendrás que esperar un mes para poder tenerlo. Y no es seguro, pues ha habido problemas en la fábrica y no los volverán a distribuir hasta dentro de 30 días más o menos, si pueden solucionarlos. Incluso puede que ya no vuelvan a fabricarlo.

Te encuentras a un amigo, le cuentas tu problema y él te dice alguna de las siguientes frases:

– Qué mala suerte, chico, yo estaría desesperado.

– Has estado mucho tiempo esperando, ahora tienes que esperar más y no es seguro que tengas el juego.

– Todo lo malo te pasa a ti, mira que tienes mala suerte.

– Hazte a la idea de que nunca lo tendrás.

– Bueno, no pasa nada, tú tranquilo.

Llegas a casa y te encuentras a otro de tus amigos que ha venido a buscarte. Le cuentas lo que ha pasado y te dice alguna de las siguientes frases:

– ¡Qué mala suerte! Es normal que estés enfadado, disgustado y triste. Tú habías estado mucho tiempo sacrificándote para comprarte el juego.

– A mí también me pasó una cosa parecida: una vez quería ver una película y no la encontré y aún no la he visto.

– De todas formas, puede que dentro de un mes lo tengan; si no, puedes mirar en otras tiendas, por ejemplo en tiendas de segunda mano. También podemos enviar un correo a todos nuestros amigos a ver si saben dónde encontrar ese juego.

– Bueno, si miras el aspecto positivo, piensa que has pasado mucho tiempo sin él y lo has superado.

– Piensa que cada vez jugamos menos a este juego. Ahora tienes mucho dinero ahorrado y puedes comprarte otro mejor.

– No hay que preocuparse por cosas materiales como ese juego; lo mejor es que tienes muchos amigos, y además has aprendido a ahorrar y esperar.

– Seguro que si se lo explicas a tus padres, intentarán ayudarte.

Si te pasara una cosa similar, ¿a quién te gustaría encontrar: al primer amigo o al segundo? ¿Por qué?

Reflexiona sobre las siguientes preguntas

- Cuando te encuentras a una persona que tiene un problema, ¿cómo actúas? ¿como el primer amigo o como el segundo?
- ¿Crees que todo tiene solución? Y si no la tiene, ¿qué podemos hacer?

Con los problemas que tienen solución debemos buscarla, y con los problemas que no la tienen, no debemos preocuparnos.

Valoración del problema

Es importante esforzarnos por comprender qué sienten las personas cuando te explican un problema y después tener una actitud optimista y positiva para animarlos a solucionarlo.

¿Mala suerte? ¿Buena suerte?

Objetivo

Aprender que ante un acontecimiento que en principio parece negativo, no hay que desesperarse, porque puede que no lo sea en el futuro. Esto se consigue cambiando la manera de pensar sobre las cosas.

Descripción

Lee la siguiente historia de autor desconocido.

Es una historia china que habla de un anciano labrador que tenía un viejo caballo para labrar sus campos.

Un día, el caballo escapó a las montañas. Cuando los vecinos del anciano se acercaban para consolarle y lamentar su desgracia, el anciano les repetía: «¿Mala suerte?, ¿buena suerte?, ¿quién sabe?»

Una semana después, el caballo regresó acompañado de una manada de caballos salvajes. Entonces, los vecinos felicitaron al labrador por su buena suerte. Éste les respondió: «¿Mala suerte?, ¿buena suerte?, ¿quién sabe?»

Material: cuento chino.
Participantes: dos personas como mínimo, una para leer el texto.
Edad: especialmente adecuada para niños a partir de 8 años.

Cuando el hijo del labrador intentó domar uno de aquellos caballos salvajes, se cayó y se rompió una pierna. Todo el mundo lo consideró una desgracia. Pero el labrador se limitó a decir: «¿Mala suerte?, ¿buena suerte?, ¿quién sabe?»

Unas semanas más tarde, el ejército entró en el poblado y fueron reclutados todos los jóvenes que se encontraban en buenas condiciones. Cuando vieron al hijo del labrador con la pierna rota, lo dejaron tranquilo. ¿Había sido buena suerte?, ¿mala suerte?, ¿quién sabe?

Reflexiona sobre las siguientes preguntas

- ¿Te ha pasado alguna vez que una cosa que te parecía muy mala, después resultara no serlo? Cuenta algún ejemplo.
- ¿Es cierto que de algo que parece malo, surge algo bueno?

Valoración del problema

Todo lo que parece malo a primera vista puede que después no lo sea; y ya que no lo sabemos, no deberíamos preocuparnos mucho, ni enfadarnos, ni estar tristes.

¿Todo lo hago bien?

Objetivo

Aceptar la parte de responsabilidad / culpa en los conflictos.

Descripción

Podemos afirmar que un conflicto, por ejemplo cuando dos se enfadan, nunca es culpa sólo de uno. Puede que uno tenga más parte de culpa que el otro, pero en muy pocos casos sólo uno tiene toda la responsabilidad.

Aceptar la responsabilidad en el conflicto ayuda a crecer emocionalmente.

Ahora leerás varios ejemplos de conflictos. A ver si sabes identificar que las dos personas que intervienen tienen su parte de responsabilidad.

Ejemplo 1:

1

1. María le pide por favor a su hermano que le deje su reproductor de CD y Jorge, su hermano, le dice que no.

2

2. Cinco minutos más tarde, Jorge sale con un amigo, María le coge el reproductor de CD y lo utiliza.

3. Cuando llega Jorge, se encuentra un CD de música de María dentro del aparato. Entonces se da cuenta de que su hermana ha cogido su aparato, y se enfada mucho con María.

3

Piensa en lo siguiente

- ¿Toda la culpa es de María por utilizar el reproductor de CD sin permiso?
- ¿Por qué Jorge no se lo dejó si no lo necesitaba en ese momento?

Ejemplo 2:

1

1. Ángel le dice a su amigo que le guarde la carpeta porque quiere ir a jugar al fútbol un rato.

2

2. Cuando acaba el partido, los dos se van a casa, pero el amigo de Ángel no se acuerda de devolverle la carpeta, y Ángel no puede hacer los deberes.

3

3. Al día siguiente, tiene problemas en la escuela con su tutor por no traer los deberes. Como consecuencia, se enfada mucho con su amigo porque no le devolvió la carpeta.

Reflexiona sobre las siguientes preguntas

- ¿Toda la culpa la tiene el amigo de Ángel por olvidarse de devolverle la carpeta?
- ¿De quién era la carpeta? ¿Quién quiso jugar al fútbol?

Ejemplo 3:
Este ejemplo habla de los padres.

1

1. Hace quince días, Marta y Carlos fueron al médico porque a Carlos le dolía la espalda. El médico les dio día y hora para hacer una prueba específica.

2

2. Carlos le dijo a Marta que apuntara la fecha y la hora en la agenda. Marta lo hizo, pero se equivocó de día.

3

3. Cuando se presentaron en la consulta del médico, la enfermera les dijo que aquel día no tenían cita y se dieron cuenta del error: su hora ya había pasado.

Reflexiona sobre las siguientes preguntas

- ¿Toda la culpa es de Marta por equivocarse a la hora de apuntar la fecha?
- ¿No podía haber apuntado Carlos el día y la hora? ¿A quién le duele la espalda?

Recuerda

En los conflictos cotidianos la culpa nunca es de uno solo y es necesario reconocerlo para no enfadarnos. En el caso de que nos hubiéramos enfadado, reconocer nuestra parte de responsabilidad también nos ayuda a hacer las paces.

¿Es cierto?

Objetivo
Reflexionar sobre nuestra manera de pensar, manías... Si cambiamos nuestra manera de pensar, el problema puede desaparecer.

Descripción

Ahora vamos a intentar cambiar nuestra manera de pensar a partir de un ejemplo.

Imagínate que Manuel te dice: «Sabes, creo que Juan (otro compañero) me tiene manía». Tú sabes que no es cierto, lo que pasa es que Juan es muy bromista y a veces se pasa un poco con Manuel.

Podrías seguir los siguientes pasos para cambiar la manera de pensar de Manuel

1. Preguntarle: «¿En qué te basas para decir eso?» E intentar hacerle entender que no es cierto.
2. Preguntarle: «¿Cómo te sientes pensando que Juan te tiene manía?» Seguro que le provoca angustia y ansiedad, y eso no es bueno.
3. Preguntarle: «¿De qué te sirve pensar así?» No le sirve de nada, sólo para sufrir.
4. Preguntarle: «¿Qué me dirías a mí si te contara el mismo problema que me estás contando tú?» Enséñale a decirse a él mismo lo que le diría a un buen amigo que tuviera este problema.

¿No crees que Manuel saldría ganando intentando hablar con Juan en vez de pensar cosas que no está seguro que sean ciertas, e intentar ser amigos?

Pero hay algo que debo decirte:

Si Juan no quiere ser amigo suyo, después de haber hablado con él, no pasa nada, porque no se puede obligar a nadie a ser amigo de otro. Hay muchos chicos y chicas en el mundo.

Orientaciones para el educador

Las respuestas a las preguntas que plantea la actividad se pueden responder oralmente o dejar que el niño las escriba en un papel y comentarlas después.

Autonomía emocional

La autonomía emocional es una competencia amplia que incluye la autoestima, la autoconfianza, la automotivación, la autoeficacia emocional, la actitud positiva ante la vida, la responsabilidad, la capacidad para analizar críticamente las normas sociales, la capacidad para buscar ayuda y recursos, la capacidad para evaluar críticamente los mensajes que recibimos, la capacidad para afrontar situaciones adversas, etc. La autonomía emocional favorece la capacidad de autogenerar las emociones convenientes en el momento oportuno, lo cual es muy difícil en situaciones críticas.

Esta competencia facilita que la persona tenga una imagen positiva de sí misma; valore sus propias capacidades y limitaciones; se quiera tal como es; descubra su propia identidad personal y social; adopte unos valores y sea capaz de defenderlos y difundirlos; sea capaz de expresar lo que siente hacia sí misma y hacia los demás; sea capaz de afrontar situaciones adversas y confíe en sus propias posibilidades; busque ayuda y apoyo cuando lo necesite, etc.

La autonomía emocional abre el camino a la empatía y el desarrollo de las competencias sociales, ya que ser autónomo emocionalmente implica tener la responsabilidad de respetar a los demás y desarrollar habilidades sociales positivas.

Desde el nacimiento hasta los doce años construimos nuestra persona, principalmente, por lo que vemos hacer a las personas que forman parte de nuestro entorno: nuestra familia, nuestros profesores, amigos, etc. Si un niño recibe constantemente el mensaje: «Eres un niño muy responsable, haces muy bien las cosas, sabes escuchar a los demás...», construirá una imagen positiva de sí mismo y ello contribuirá a que se sienta seguro emocionalmente, lo que a su vez favorecerá su desarrollo y aprendizaje. Si por el contrario recibe mensajes como: «Eres un niño malo, no haces bien las cosas, no sabes escuchar a los demás...», ese niño construirá una imagen negativa de sí mismo, y esto le hará despertar emociones y sentimientos negativos con los que se puede bloquear su desarrollo y aprendizaje.

El conjunto de actividades que se exponen en este capítulo pretenden desarrollar la competencia de la autonomía emocional. Son once actividades en las que se contemplan dinámicas participativas y vivenciales en las que se integran la reflexión y la información de los demás, la relajación y el cuidarse uno mismo, el proyectarse recuerdos, etc. Algunas preguntas que se plantean para reflexionar son: ¿Cómo te sientes?, ¿Esta actividad te ha permitido conocerte más?, ¿Te gustaría cambiar algún aspecto de ti mismo?

En las actividades se dan algunas pautas orientativas para los adultos para que puedan contribuir al desarrollo de la autonomía emocional del niño.

Tarjeta de presentación

Objetivo

Favorecer la formación de la identidad personal.

Descripción

Imagínate que estás ante personas que no te conocen y desean conocerte, por lo que quieres mostrarte tal y como eres y presentarte.

Te proponemos que realices tu propia tarjeta, como hizo María.

MARÍA

Edad: 8 años.

Cualidades físicas: pelo castaño, ojos oscuros, nariz pequeña y redondeada, piel blanca y 1,30 m de altura.

Cualidades personales: simpática, alegre y cariñosa.

Gustos: me gusta la música, las películas de miedo, la pizza y dormir. No me gusta que me molesten y que me hagan enfadar.

Sueños: ser veterinaria y viajar mucho.

Aficiones: ver la televisión y películas. Además, tengo muchos amigos y me encantan los animales y la naturaleza.

Tú también puedes hacer tu tarjeta siguiendo el ejemplo que te hemos presentado: el protagonista ahora eres tú.

Material: papel y lápiz o bolígrafo.
Participantes: individual; puede compartirse con quienes queramos.
Edad: recomendable a partir de 8 años de edad, que es cuando los niños han formado su propia identidad.

Orientaciones para los educadores

Para ayudar al niño a reflexionar sobre su propia identidad, puede ser útil plantearle las siguientes preguntas:

- ¿Te ha resultado fácil escribir sobre ti?
- ¿Cómo te has sentido ante la experiencia? ¿Por qué?

Ampliación de la actividad

Te proponemos que preguntes a tus compañeros de colegio, maestros, amigos y familiares qué aspectos valoran positivamente de ti y qué aspectos creen que debes mejorar. Te mostramos el ejemplo de María.

	Aspectos positivos	*Aspectos a mejorar*
Mis compañeros de clase	Ayudo a los demás	Soy muy tozuda
Mis maestros	Soy muy responsable	Soy un poco desordenada
Mis amigos	Les dejo mis cosas	Soy muy mandona
Mi familia	Soy muy cariñosa	Como muy poco

Comparte con ellos las siguientes reflexiones

- ¿Cómo te has sentido? ¿Contento, sorprendido, satisfecho, etc.? ¿Por qué?
- ¿Hay algún tipo de información sobre ti que no te esperabas? ¿Por qué?
- ¿Han sido valoraciones importantes para ti? ¿Por qué?
- ¿Esta actividad te ha permitido conocerte mejor? ¿Por qué?

Coloca tu «tarjeta de presentación» en un lugar visible. Todo lo que eres como persona y cómo te valoran los demás, es importante para que puedas sentirte especial y querido.

Los aspectos a mejorar pueden cambiar si uno mismo lo desea. Pide ayuda a tus seres queridos, si lo consideras necesario. ¿Te gustaría cambiarlos?

Para ayudarte a reflexionar

Toda persona es diferente y ello nos hace sentirnos especiales. Quiérete y acéptate tal y como eres ya que eres una persona muy importante y los que te quieren te lo dirán.

Me mimo, me siento, me quiero...

Objetivo
Experimentar una imagen positiva de uno mismo.

Descripción
Siéntate cómodamente y cierra los ojos; respira de manera pausada.

1. Imagínate que tienes enfrente, en otra silla, a una persona igual que tú, es tu vivo retrato. La observas: su cara, su postura, la ropa que lleva puesta, su peinado y otras cosas.

1

2

2. Empieza a hablar interiormente con esa persona que tienes ante ti (que es tu reflejo) y dile cosas agradables: Me gusta cómo eres. Mimo, siento y quiero los pies (las piernas, la barriga, el pecho, el cuello, la cara, la cabeza). Me mimo, me siento y me quiero. (Se realiza un recorrido por todo el cuerpo con la ayuda del adulto, que será el guía).

3. Termina esta primera parte del ejercicio recitando en voz alta el mensaje «Me mimo, me siento y me quiero». Poco a poco, abres los ojos y te quedas sentado en la misma silla, cómodamente, y te preguntas cómo te sientes.

Material: música relajante, si se considera necesario.
Participantes: individual.
Edad: recomendable a partir de 10 años; resulta más fácil visualizar la imagen de uno mismo.

3

Orientaciones para los educadores

El adulto puede plantear una serie de cuestiones que sirvan para reflexionar sobre la actividad.

- ¿Cómo te has sentido ante la experiencia? ¿Relajado, tranquilo, calmado, nervioso, etc.? ¿Por qué?
- ¿Te ha costado decirte cosas agradables? ¿Por qué?
- ¿Repetirías de nuevo esta experiencia? ¿Por qué?
- Recuerda esta experiencia y, cuando lo desees, ponla en práctica de nuevo. Te sentirás mucho mejor.

Para ayudarte a reflexionar

Conocer experiencias agradables y divertidas te harán sentirte mejor. Compártelas con tus seres más queridos y te lo agradecerán.

Una canción para mí

Objetivo
Fomentar la creatividad y la valoración de uno mismo.

Descripción

Cierra los ojos e intenta recordar una canción que te guste mucho, y cántatela en voz baja.

Te invitamos a que, en lugar de poner la letra de la canción real, pongas tu propia letra o composición en la que hables de ti. Por ejemplo, la letra de la canción de Juan es:

Me llamo Juan y soy un chico normal.
Me gusta bailar y también cantar.
Me encanta escribir
y también decidir.

Autonomía emocional

Con la música de la canción que te gusta, añade aspectos de ti mismo. Si lo crees necesario, utiliza algún instrumento musical que te permita acompañar la letra de la canción con música en directo. Y cántala para ti. Si quieres, puedes compartirla con los demás.

Material: música de la canción o algún instrumento musical que acompañe el ritmo de la música.
Participantes: individual.
Edad: recomendable a partir de 10 años.

Orientaciones para los educadores

Algunas preguntas para reflexionar:

- ¿Cómo te sientes cuando escuchas esta canción?
- ¿Por qué has escogido esta canción?
- ¿Te ha resultado difícil escribir tu propia canción?

Ampliación de la actividad

Puedes invitar a tus amigos o familiares a que también elaboren sus propias canciones y compartirlas, como grandes artistas.

Para ayudarte a reflexionar

La música y las canciones son formas para expresar cómo nos sentimos. Esta actividad te permite expresar cómo te sientes hacia ti mismo y tratar de una forma divertida tus cualidades como persona.

La caja

Objetivo
Identificar la importancia de uno mismo.

Descripción

Toma una caja vacía y decórala a tu gusto. Piensa que dentro de ella hay algo muy valioso y e importante para ti. ¿Qué te gustaría que hubiese?

Te proponemos que vayas a buscar un espejo pequeño y lo metas en la caja. Ábrela tantas veces como quieras: ¿qué ves?, ¿a quién ves?, ¿es importante?

Si quieres, puedes hablar de la persona que ves reflejada en el espejo, es decir, de ti mismo tal y como te ves. Puedes hacer lo mismo invitando a alguien con quien desees compartir esta experiencia.

Material: una caja y un espejo en su interior.
Participantes: individual; puede compartirse con quienes queramos.
Edad: a partir de 7-8 años.

Orientaciones para los educadores

Se eligen algunas reflexiones para compartir:

- ¿Qué puede ser muy valioso?
- ¿Qué cosas son valiosas para vosotros?
- ¿Por qué?

Para ayudarte a reflexionar

Puede resultar curioso descubrir la imagen de uno mismo y lo importante que eres como persona. Recuerda que todos somos personas valiosas y tú especialmente.

Objetivo
Descubrir la propia historia personal.

El tesoro de los recuerdos

Descripción
Busca en casa todas aquellas cosas que forman parte de tus recuerdos. Pueden ser fotografías, ropa, dibujos, cartas, juguetes... de tu infancia hasta la actualidad.

Te invitamos a que todo lo que hayas encontrado forme parte del tesoro de tus recuerdos y puedas mostrarlo a quien desees. Te proponemos que reflexiones sobre lo siguiente:

- ¿Por qué has elegido estos objetos y no otros?
- ¿Cómo te hacen sentir?

Es el momento para que elijas uno de esos recuerdos:

- ¿Con cuál te quedarías primero?
- ¿Por qué?

Pregunta a tu familia:
¿Qué recuerdan de ese objeto?
¿Quién te lo había regalado?
¿Qué sentías cuando tenías ese objeto ante ti?
¿Qué uso hacías de ese objeto u objetos?

Material: papel y lápiz o bolígrafo, y objetos que formen parte de sus recuerdos.
Participantes: individual y compartida.
Edad: a partir de 7-8 años.

Piensa en lo siguiente

- ¿Cómo te sientes ante la experiencia? ¿Contento, triste, enfadado, sorprendido, feliz?

Orientaciones para los educadores

Es interesante que el adulto también participe en la actividad aportando sus recuerdos y su historia personal.

Para ayudarte a reflexionar

Los objetos personales nos despiertan recuerdos y experiencias de nuestra vida. Es bonito que puedas conocer tu historia personal gracias a ellos.

Elogiarse

Objetivo
Fomentar la creatividad y la valoración de uno mismo.

Descripción
No estamos acostumbrados a elogiarnos.

¿Sabes qué quiere decir elogio y elogiarse?
Elogio quiere decir alabanza de una persona o cosa.
Elogiarse, alabarse a uno mismo.

Te mostramos la estrella de elogios de Rosa.

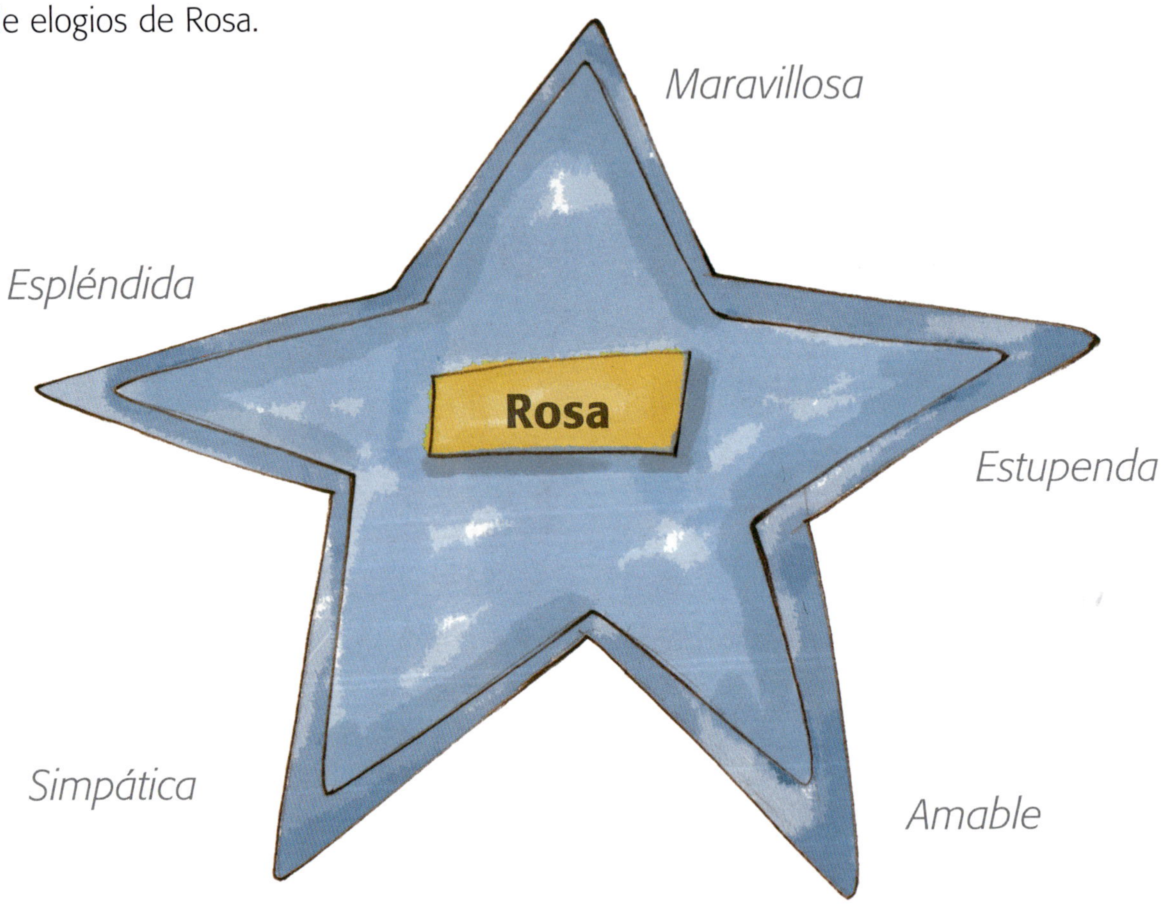

Te invitamos a que tengas tu propia estrella de los elogios como la que tiene Rosa, y la cuelgues en tu habitación. Puedes hacer tantas estrellas de elogios como desees.

Recuerda que elogiarse es el mejor regalo que se puede hacer uno mismo.

Te damos pistas de posibles elogios:

Material: papel y lápices de colores.
Participantes: individual.
Edad: a partir de 7-8 años.

Genial

Maravilloso

Magnífico

Excelente

Estupendo

Increíble

Fenomenal

Guapo

Espléndido

Simpático

Amable

Orientaciones para los educadores

Es interesante fomentar el uso de adjetivos calificativos y descriptivos que faciliten un mejor conocimiento del elogio y la utilización en uno mismo y en los demás.

Ampliación de la actividad

Al igual que lo has hecho contigo, hazlo con alguna persona a la que quieras mucho.

Te aconsejamos que cada día busques una oportunidad para elogiarte y elogiar a los demás. Practica en tu día a día.

Para ayudarte a reflexionar

A veces oímos cosas que no nos gustan de nosotros mismos y nos hacen sentir tristeza o enfado, pero también tenemos que aprender a oír y a decirnos cosas que nos hagan sentir un poco más felices y contentos.

Me doy permiso para sentir

Objetivo

Aceptar nuestras emociones y sentimientos como parte de nosotros mismos.

Descripción

Todos tenemos emociones y sentimientos, pero a veces no los expresamos porque creemos que nos debilitan o porque los demás no los aceptan.

Lee la siguiente historia.

1. Jaime era un niño de 7 años, y tras una discusión con un chico de su clase, empezó a llorar.

2. Sus compañeros empezaron a decirle cosas desagradables como «llorar es de niñas», «sentir tristeza es de cobardes» ... Y muchas otras cosas más.

Piensa en las siguientes preguntas

- Si tuvieses a Jaime a tu lado, ¿qué le dirías?
- ¿Y si tuvieses a sus compañeros?

De las emociones que hay a continuación, te invitamos a que nombres en voz alta aquéllas que crees que puedes sentir y no te importa lo que digan los demás cuando las expresas.

Miedo

Amor

Vergüenza

Tristeza

Envidia

Material: no es necesario.
Participantes: individual.
Edad: a partir de 10 años; a esta edad hay una mejor comprensión de las emociones vividas y experimentadas en diferentes situaciones de la vida cotidiana.

Orgullo

Alegría

Enfado

Humor

Orientaciones para los educadores

Las emociones deben vivirse de forma natural y desde el respeto, sin juzgarlas ni reprimirlas.

Ampliación de la actividad

Pregunta a tu familia y amigos qué emociones expresan con mayor facilidad y cuáles no tanto.

Para ayudarte a reflexionar

Sentir alegría o tristeza es normal. Como personas tenemos que vivir y sentir cosas agradables y desagradables y sentirlas y expresarlas nos hacen ser más persona.

Crear y sentir

Objetivo
Desarrollar la creatividad.

Descripción
Busca cualquier tipo de material de reciclaje y planifica un posible proyecto de juguete o cualquier otra cosa que puedas crear con tus manos y tu imaginación.

Dibuja mentalmente tu proyecto.

Reflexiona sobre la imagen a partir de las siguientes preguntas

- ¿Qué me gustaría crear?
- ¿Qué necesito para hacer realidad este proyecto?
- ¿Qué emociones siento ante ello?

Tómate el tiempo que quieras y consulta o pregunta todo lo que quieras; los demás pueden ayudarte, si lo crees necesario.

Una vez realizada, muestra tu creación a los demás y comenta:

- ¿Cómo te has sentido con la creación?
- ¿Has detectado algunas limitaciones en ti mismo?
- ¿Has sido capaz de realizar tu proyecto?
- ¿Cómo lo has llevado a cabo?

Material: material de reciclaje.
Participantes: individual.
Edad: a partir de 7-8 años.

Orientaciones para los educadores

Puede realizarse con otros materiales, como por ejemplo barro o pintura, y, si queremos, acompañados de música.

Ampliación de la actividad

Puedes realizar esta actividad con algún amigo.

Reflexiona sobre lo siguiente

- ¿Has tenido alguna dificultad?
- ¿Cómo la has superado?
- ¿Te ha costado trabajar con los demás?
- ¿Cómo te has sentido ante la experiencia?
- ¿Crees que tienes capacidades para cooperar con los demás?

Comparte tu reflexión con los demás y felicítate por este reto. Felicita también a quienes han hecho posible que se cumpla tu proyecto creativo.

Para ayudarte a reflexionar

Puedes crear bonitos proyectos que pueden hacerte sentir emociones positivas. Recuerda que deben gustarte sobre todo a ti, ya que tú eres el principal protagonista. ¡Pásatelo muy bien y a disfrutar!

Me gusta cómo soy

Objetivo

Favorecer la aceptación de uno mismo.

Descripción

Cierra los ojos y toma conciencia de ti mismo haciendo un recorrido desde la cabeza hasta los pies.

A medida que vayas visualizando tu cuerpo, habla con él y dile cosas agradables en voz alta:

Mi cabello es...

Mis orejas son...

Mis ojos son…

Mi piel es…

Mis dientes son…

Mi cuello es…

Mis brazos son…

Mis manos son…

Mis piernas son…

Participantes: individual y compartida.
Edad: recomendable a partir de 8 años.

Mis pies son…

Cuando termines, comparte tus cualidades físicas con los demás.

Por ejemplo:

- ¿Qué cualidades tenéis semejantes?
- ¿Cuáles son diferentes?

Las diferencias que encuentres serán aquellas cualidades que te harán ser especial. Nadie es cómo tú, y tú no eres como nadie.

Algunas preguntas para pensar

- ¿Has podido visualizar tu cuerpo?
- ¿Qué cualidades has descubierto?
- ¿Cómo te has sentido?
- ¿Hay alguna parte de tu cuerpo que no te guste?
- ¿Por qué?

Para ayudarte a reflexionar

Nuestro aspecto nos hace ser diferentes a los demás. Dile cosas bonitas a tu cuerpo y cuídalo, ya que forma parte de ti.

Mi retrato

Objetivo

Tomar conciencia de uno mismo.

Descripción

Busca fotografías, dibujos e imágenes en las que salgas. Revisa lo que has encontrado y organiza el material según la edad que tuvieses en cada uno.

Una vez organizado, te proponemos que realices un *collage* con los materiales encontrados (haz una copia para conservar los originales). Tendrás un magnífico retrato de tu historia personal.

Te proponemos que piensen en lo siguiente

- ¿Te gusta cómo eres? ¿Por qué?
- ¿Qué cambios has notado en ti mismo?

Cada vez que celebres tu cumpleaños, te invitamos a que actualices tu *collage*, puede ser uno de los mejores regalos que recibas. ¡Felicidades!

Material: papel y lápiz o bolígrafo, cartulinas grandes, copias de fotografías o dibujos y cola en barra.
Participantes: individual.
Edad: recomendable a partir de 10 años.

Orientaciones para los educadores

Es interesante que la familia colabore en el *collage* aportando el material necesario.

Para ayudarte a reflexionar

A medida que vamos creciendo, nuestro cuerpo y aspecto físico va cambiando. Puede resultar divertido ver lo mucho que has crecido y cambiado como persona.

La flor de la amistad

Objetivo

Identificar las cualidades positivas de ti mismo con ayuda de los demás.

Descripción

Te proponemos que hagas de reportero y preguntes a tus amigos qué aspectos valoran positivamente de ti.

Te presentamos un ejemplo, el de Pablo.

María dice…

Pablo es un niño que comparte sus cosas.

Gloria dice…

Pablo sabe dibujar muy bien.

Francisco dice…

Pablo es alegre y divertido.

Enrique dice…

Pablo es ordenado.

Te proponemos que elabores tu propia flor de la amistad con las aportaciones de tus amigos. Agradéceles su colaboración y su sinceridad por lo que te hayan comentado.

Material: papel y lápiz o bolígrafo.
Participantes: individual, con ayuda de los demás.
Edad: recomendada a partir de 8 años de edad, e incluso antes, a partir de 5 o 6 años.

Reflexiona

- ¿Cómo te sientes?
- ¿Sorprendido, contento, feliz, nervioso, etc?

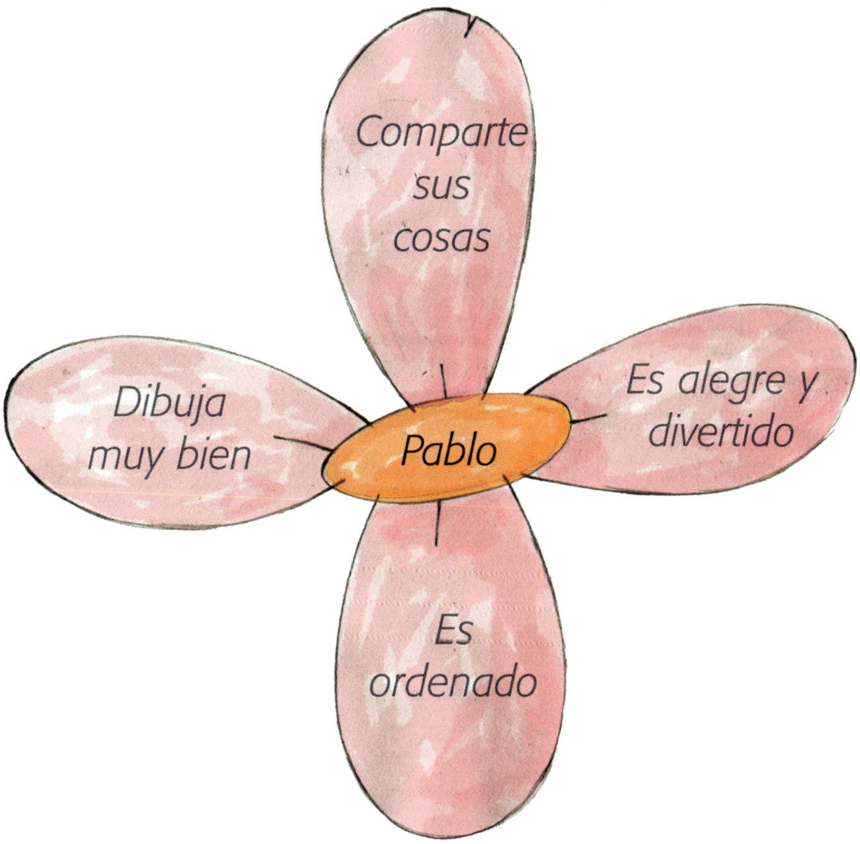

Orientaciones para los educadores

Es interesante que el niño reconozca las aportaciones de los demás con respecto a él.

Para ayudarte a reflexionar

Conocer qué piensan de ti los demás y qué cualidades tienes como persona es una forma de descubrirte un poco más como persona.

Habilidades socio-emocionales

La situación que te planteamos a continuación se da frecuentemente. Juan y Alberto son dos chicos de la misma edad, viven en el mismo barrio, y van al mismo colegio. Las notas ambos son parecidas, Juan destaca un poco más en lengua y Alberto en matemáticas, pero en el resto de asignaturas sus notas son prácticamente iguales.

Cuando llega la hora del recreo, Alberto casi siempre está solo. Sus compañeros de clase no cuentan con él para ningún juego y cuando hacen equipos, siempre se queda el último. Juan, por el contrario, siempre está rodeado de amigos, es la típica persona que cae bien a todo el mundo. Aunque acostumbra a decir lo que piensa, intenta no herir a nadie. Sus compañeros cuentan con él para todo y, normalmente, lo eligen capitán del equipo.

¿Alguna vez te has parado a pensar el porqué de una situación parecida? Posiblemente haya más de una explicación, pero seguro que las habilidades sociales de cada uno de ellos tienen mucho que ver. Por eso, y para que a ti no te pase como a Alberto, vamos a explicarte qué son las habilidades socio-emocionales y después te proponemos que las pongas en práctica.

Existen muchas definiciones para explicar qué son las habilidades socio-emocionales. Sin embargo, todas coinciden en que son una «manera de actuar que favorece las relaciones entre las personas». Dependiendo de cada situación, ejercitaremos unas habilidades u otras, en función del contexto y de las características de la situación. A continuación te explicamos en qué consisten algunas de las habilidades socio-emocionales:

Asertividad. Es la manera de comportarse con la cual la persona no es agresiva ni pasiva. Ni agrede, ni se somete a la voluntad de otras personas; sino que expresa sus convicciones y defiende sus derechos, respetando los derechos, pensamientos y sentimientos de los demás.

Empatía. Es la habilidad que nos permite comprender, aunque no estemos de acuerdo, el punto de vista de los demás, y demostrarles que les estamos entendiendo.

Saber escuchar. Consiste en escuchar con atención, saber lo que la otra persona trata de comunicarnos y transmitirle que hemos recibido su mensaje.

Definir un problema. Es la habilidad que nos permite ser capaces de analizar una situación teniendo en cuenta todos los factores que intervienen.

Evaluar soluciones. Es la habilidad que nos permite, en el momento de tomar una decisión, analizar las consecuencias que tendrán las soluciones propuestas para las personas implicadas.

Negociación. Es la habilidad que tiene por objetivo encontrar una solución que sea aceptada, y resulte justa y adecuada a los intereses de las personas implicadas.

Estas habilidades se pueden aprender. Facilitan, a la persona que las domina, una mejor relación con los demás; permiten reivindicar nuestros propios derechos sin negar los derechos de los demás; y, por último, facilitan la prevención, la identificación, la comunicación y la resolución de problemas.

Qué hacer cuando algo no me gusta

Habilidades socio-emocionales

Objetivo

Saber reaccionar de manera adecuada ante lo que nos desagrada.

Descripción

En ocasiones, el no saber reaccionar adecuadamente nos produce malestar. Seguro que entrenando la habilidad de decir las cosas de una manera correcta nos sentiremos mejor, y no haremos que se sientan mal quienes nos rodean.

Lee detenidamente las situaciones que se plantean y piensa cómo actuarías tú en cada caso:

1. Un compañero se come un caramelo y tira el papel al suelo. No te gusta su actitud y crees que debes decírselo.

Tu manera de actuar es:

a. (Con voz enfadada y regañándole): –Mira que eres sucio, ¿no sabes que los papeles no se tiran al suelo?

b. –Bueno, a mí... me parece...
Nada, es igual, déjalo.

c. (Con voz pausada): –Creo que no te has fijado y has dejado caer el papel del caramelo al suelo. Sería conveniente que lo recogieras para no ensuciar la calle.

2. La profesora te acaba de entregar un examen después de corregirlo, y crees que la nota no es correcta. Estás enfadado, y quieres que revise el examen. Crees que deberías decírselo.

2

Tu manera de actuar es:

a. –Perdón profesora, pero me gustaría que, cuando te sea posible, revises mi examen. Creía que me había ido mejor.

b. –¡Jo... siempre igual, siempre te tienes que equivocar conmigo! El próximo examen lo voy a hacer directamente mal. Total, haga lo que haga siempre me pones la misma nota.

c. No dices nada, crees que no vale la pena, que es sólo la nota de un examen, y que si dices algo a lo mejor la profesora te coge manía.

3

3. Has salido un poco tarde de casa, pero todavía te quedan unos minutos para comprarte unas golosinas. Estás esperando tu turno, y cuando te va a tocar, llega un chico pidiendo que le atiendan. No estás dispuesto a que pase delante de ti.

Tu reacción es:

a. Lo dejas pasar, total por una persona no pasa nada, y a lo mejor si le llamas la atención acabáis discutiendo y todavía será peor.

b. Le dices: –Perdona, pero yo también tengo prisa, y como he estado esperando pacientemente mi turno, ahora toca que me despachen a mí.

c. Te pones a gritar en medio de la tienda: –¿Qué se habrá creído? ¿Se cree que es el más guapo del mundo para que le despachen primero a él? Mira, quítate de ahí antes de que te quite yo de un empujón.

4. Has quedado con un amigo para ir al cine. La película empieza a las cinco, pero habéis quedado a las cuatro y media para tener tiempo para comprar las entradas y unas palomitas. Tu amigo llega a las cinco menos cinco, y en vez de disculparse argumenta que todavía no ha empezado la película. A ti te molesta esa actitud, y crees que debes decírselo.

4

Tu manera de actuar es:

a. Cuando le ves llegar le gritas: –Es la última vez que te espero. Eres el colmo de la impuntualidad. Contigo no se puede quedar, ahora por tu culpa ya no veremos el principio de la película.

b. Te molesta su actitud, pero no dices nada. Supones que le ha pasado algo importante, y no quieres incomodarle más.

c. Tranquilamente, le preguntas qué le ha pasado. Le expones que no te gusta llegar tarde a los sitios, y que la próxima vez que quedéis, si se tiene que retrasar por algún motivo, haga el favor de llamarte para que no estés esperándole.

5. Mañana tenéis un examen de matemáticas y un amigo te pide la libreta para estudiar. Tú sueles dejar tus cosas, sobre todo a tus amigos, pero hoy te es imposible porque tú también tienes que estudiar. Crees que si le dices que no se la dejas se enfadará contigo, pero realmente hoy te hace falta.

Participantes: individual.
Edad: se puede trabajar a cualquier edad variando las situaciones. Dependiendo de la edad, se puede ampliar la actividad con la definición y las características de los diferentes tipos de conducta: asertiva, pasiva y agresiva (ver ficha).

¿Cómo actúas?

a. Le explicas que cualquier otro día no tendrías problemas para dejarle la libreta, pero que hoy te es imposible. Que en otra ocasión procure planificarse mejor y pedírtela con más antelación.

b. Se la dejas, total un amigo se merece cualquier tipo de sacrificio, y lo que no querrías de ninguna de las maneras es que se disgustase contigo.

c. Le contestas:
–Tío, ¿estás chiflado, o qué? ¿Qué quieres, que suspenda yo por tu culpa? Anda y búscate la vida.

5

Tipos de respuesta

Situación	*Pasiva*	*Agresiva*	*Asertiva*
1	b	a	c
2	c	b	a
3	a	c	b
4	b	a	c
5	b	c	a

Reflexiona sobre las siguientes preguntas

- ¿Has vivido a menudo situaciones como éstas?
- Si te han pasado alguna vez, ¿has reaccionado tal y como lo has hecho ahora?
- ¿Crees que ha sido la manera correcta de reaccionar?
- ¿Cómo te has sentido?
- ¿Cómo crees que se ha sentido el otro con cada una de las reacciones?

Para ayudarte a reflexionar

Todos a lo largo del día, nos encontramos con situaciones similares a las que hemos descrito y que hacen que tengamos que reaccionar ante ellas. Cuando somos capaces de reaccionar de manera adecuada, tanto nosotros como el resto de las personas implicadas nos sentimos mucho mejor. Recuerda que no tiene más razón quien más grita, sino quien es capaz de exponer lo que piensa sin alterarse ni ofender a los demás. Nunca debemos dejar de decir lo que pensamos, pero hemos de ser capaces de decirlo sin que los demás se sientan molestos u ofendidos. Además de conseguir mejores resultados, este tipo de comportamiento hará que las personas que nos rodean nos acepten y nos respeten mucho más.

Tipos de respuesta

Agresiva	*Pasiva*	*Asertiva*
Comportamiento		
Volumen de voz elevado	Volumen de voz bajo	Tranquilidad
Habla precipitada	Habla poco fluida	Habla fluida
Interrupciones	Postura tensa	Relajación corporal
Insultos	Vacilaciones, silencios	No hay bloqueos ni muletillas
Mirada desafiante	Mirada baja	Contacto ocular no desafiante

Principales consecuencias		
Rechazo de los demás	Falta de respeto de los demás	Detienen el ataque del otro
Los otros se sienten menospreciados, por lo que pueden llegar a rechazar su compañía	Pérdida de la autoestima	Son considerados buenos negociadores, no tontos
Este rechazo puede producir cada vez más agresividad	No se les rechaza, pero tampoco se les valora: dan lástima	Se hacen respetar y valorar por los demás

Juguemos a adivinar

Objetivo
Reconocer la importancia de la comunicación no verbal.

Estoy muy contento porque esta tarde iré a jugar con mi amigo.

Descripción

En ocasiones, las expresiones nos juegan malas pasadas y aunque decimos una cosa, con nuestra actitud estamos demostrando otra. Por el contrario, hay veces que no es necesario hablar para poder mostrar lo que sentimos.

En unos papeles anotaremos diferentes situaciones. Los alumnos irán saliendo ante el grupo y, sin hablar, tendrán que expresar la situación que indica el papel. No podrán dar pistas, sólo actuar con mímica hasta que algún compañero adivine el mensaje.

El bocadillo del desayuno estaba buenísimo.

Tengo muchísimo sueño.

¡Tengo hambre!

Material: papeles con los mensajes.
Participantes: grupo grande.

Mañana me voy de excursión a la montaña.

Para ayudarte a reflexionar

Nuestros gestos, nuestras manos, todo nuestro cuerpo, comunican mucho más de lo que nosotros mismos pensamos. Piensa que cuando queremos comunicarnos con otra persona además de las palabras, hay otros elementos que intervienen. Así tenemos:

- En la cara: el ceño, la sonrisa, las muecas…
- En los ojos: la dirección de la mirada, las alteraciones de la pupila…
- En el cuerpo: la postura, la posición de los brazos y las piernas, el distanciamiento…
- En la voz: el tono, el ritmo…

Por lo tanto, lo ideal es conocer y controlar nuestro lenguaje no verbal, para que no estar diciendo una cosa, y dando a entender no verbalmente todo lo contrario.

El rumor

Objetivo

Reconocer la importancia de tener la información correcta antes de tomar decisiones.

Descripción

Puede ocurrir que juzguemos una situación sin tener toda la información que necesitamos, y dejándonos llevar por un primer impulso.

Lee la historia en dos partes, y al final de cada una contesta a las preguntas en una hoja adjunta. Cuando termines la lectura, reflexiona sobre las respuestas dadas, para valorar la importancia de no tomar las decisiones de manera precipitada.

El relato se titula *Historia de un malentendido* y comienza así:

1

1. María, Juan y Laura están cursando 1º de ESO en el instituto. Son muy amigos desde que empezaron Primaria. Incluso algunos fines de semana, las tres familias van juntas a algún sitio.

2. Una mañana, cuando María iba de camino al instituto, le pareció oír que Juan estaba criticando a Laura con otros compañeros, y que se reían de que Laura llevase gafas.

2

3. *María se quedó muy sorprendida, porque no se lo esperaba, pero después de valorar lo que debía hacer, decidió que tenía que avisar a Laura de que Juan la estaba criticando.*

4. *A pesar de que consideraba que había tomado la decisión correcta, no se sentía bien, porque tenía la impresión de que de algún modo había traicionado a Juan.*

Han pasado tres días, y los tres amigos están disgustados:

- Laura está molesta con Juan por haberla criticado y haberse reído de ella.
- María lo está porque no sabe si hizo bien comentando lo que había oído.
- Juan lo está porque no entiende el cambio de actitud de sus amigas hacia él.

Preguntas sobre la primera parte de la historia

- ¿Qué opinas tú de este caso?
- ¿Quién te parece que ha obrado mal?
- ¿Qué hubieras hecho tú en el lugar de María?
- Si fueras Laura, ¿cómo hubieras reaccionado?
- ¿Cómo crees que se siente María?
- Y Laura, ¿cuáles crees que son sus sentimientos?
- ¿Qué crees que debe sentir Juan ante el cambio de actitud de sus amigas?

Para ayudarte a reflexionar

Muchas veces actuamos de manera precipitada. El pensar que estamos haciendo lo correcto no siempre nos asegura que lo estemos haciendo bien. Cuanta más información tengamos de lo que está pasando, más garantías tendremos de no equivocarnos. Es necesario conocer lo que está pasando para poder actuar, de lo contrario podemos herir los sentimientos de los demás de manera innecesaria.

5

Ha pasado una semana y tras varios intentos de Juan por hablar con sus amigas, todavía no lo ha conseguido.

Laura sigue dolida; María, molesta por haber tenido que delatar a su amigo; y Juan desorientado porque no entiende qué está pasando.

5. El martes por la mañana, cuando Juan llega a clase, las dos amigas se sorprenden al verle con gafas.

6. Llegan otros dos compañeros, comentan algo con Juan y los tres se ponen a reír. Entonces oyen que Juan les dice:
– Ya os lo decía yo el otro día. ¿A que con gafas me parezco al director?

Y acto seguido, estallan los tres en unas nuevas risotadas.

6

7

7. María se para a reflexionar, y empieza a sospechar que tal vez el día que ella les oyó no estaban hablando de Laura.

8

8. Decide hablar con Juan y explicarle lo que pasaba. Juan le asegura que en ningún momento se ha burlado de Laura. Aunque en un primer momento tanto Juan como Laura están enfadados con María por el lío que ha ocasionado, al final todo se aclara y los tres vuelven a ser tan amigos como antes.

Preguntas sobre la segunda parte de la historia

- ¿Qué te parece el final de la historia?
- ¿Cómo hubieras reaccionado tú en el caso de María?
- ¿Y si fueses Juan?
- Y si fueses Laura, ¿qué hubieras hecho?
- ¿Qué crees que sienten cada uno de los tres cuando se dan cuenta de lo sucedido?
- ¿Crees que alguno, o tal vez todos, deberían haber actuado de otra manera?
- ¿Qué conclusión crees que se puede sacar de esta historieta?

Para ayudarte a reflexionar

La actuación de María podía haber acabado con la amistad de los protagonistas de la historia. Sin embargo, ella ha sido capaz de reconocer su error, y sus amigos han sido capaces de disculparla.

Para no herir los sentimientos de los demás, tenemos que procurar estar seguros de lo que hacemos, pero aún intentándolo es posible que alguna vez nos equivoquemos. Entonces es necesario disculparnos y rectificar. De la misma manera tenemos que estar dispuestos a aceptar que las otras personas también se pueden equivocar y hemos de ser capaces de disculparlas.

A veces, hay que decir NO

Objetivo

Ser capaz de rechazar propuestas o negarnos a hacer cosas que nos desagradan.

Descripción

No siempre tenemos que estar de acuerdo con todo lo que nos proponen, y eso no tiene por qué hacernos sentir mal. Saber decir no correctamente es la manera adecuada de estar a gusto con nuestra actitud, sin hacer que otros se sientan mal.

A continuación, verás situaciones en las que el protagonista debería decir no. Imagina que se trata de ti y argumenta para cada situación los motivos por los que crees que debes decir no. Piensa que no hay que poner excusas. Si ponemos excusas, la otra persona intentará convencernos y, al final, nos quedaremos sin argumentos.

1

1. Un amigo te propone gastar una broma a un compañero de clase y esconderle el bocadillo. Tú sabes que el otro alumno es muy tímido, y que posiblemente no dirá nada y ese día se quedará sin desayunar. No quieres hacerlo porque crees que como broma es demasiado pesada.

Reflexiona

- ¿Cuáles son las causas por las que crees que debes decir NO?
- ¿Qué argumentos utilizas para negarte?

Es interesante que reflexiones también sobre las situaciones en las que más te cuesta decir no, y las emociones que genera tanto el decir no, como que te lo digan a ti. Para ello, puedes utilizar una fotocopia de la «Hoja de resumen» o hacerte una plantilla similar e intentar responder a las preguntas que se formulan.

2. Has quedado con unos amigos para ir al cine a ver aquella película que os hacía tanta ilusión. Cuando llega uno, propone que en vez de ir al cine vayáis a patinar. No es que no te guste patinar, pero ya te habías hecho a la idea de ir al cine y tú quieres ir al cine.

Piensa sobre lo siguiente

- ¿Por qué crees que debes decir NO?
- ¿Cuáles son los argumentos que utilizas para negarte?

3. Has quedado con tu amiga para ir a ver juguetes. Cuando llegáis a unos grandes almacenes, tu amiga se encuentra con dos compañeras de su clase. En principio parecen simpáticas, y empezáis a ir juntas las cuatro. Cuando estáis viendo juguetes, os dais cuenta de que hay uno que no lleva alarma, y estas chicas os proponen cogerlo entre las cuatro y guardarlo disimuladamente. ¿Dirás que no, que tú no quieres coger las cosas que no te pertenecen?

Y con respecto a esta situación:

- ¿Debes negarte? ¿Por qué?
- ¿Cuáles son los argumentos que utilizas?

3

4. Es el cumpleaños de Juan y queréis hacerle un regalo. Habitualmente os hacéis regalos y siempre intentáis gastar aproximadamente la misma cantidad, para que no haya diferencias importantes entre unos y otros. En esta ocasión, uno de tus amigos propone comprar un regalo que incrementa sustancialmente el presupuesto que tenéis estipulado. Juan es un buen amigo, y no tienes nada contra él, pero, a pesar de que en esta ocasión tienes dinero y podrías hacerlo, no crees que sea conveniente hacer diferencias. Además, tenías pensado destinar parte de tu dinero a otras cosas. ¿Podrás y sabrás decir que no quieres incrementar el presupuesto?

Participantes: individual.
Edad: a partir de 10 años.

En esta circunstancia:

- ¿Cuáles son las causas por las que crees que debes decir NO?
- ¿Qué argumentos utilizas para negarte?

4

5. Estás convencido de que has encontrado tu estilo. No es del todo convencional, pero te gusta: tus pantalones desgastados, tus sudaderas una talla mayor de la que necesitarías, y esa especie de media melena que todo el mundo considera un tanto desaliñada y que a tu madre la pone tan nerviosa.
Dentro de unos días, tus abuelos celebrarán sus bodas de oro y sus hijos les han organizado una gran fiesta familiar. Asistirá toda la familia: tíos, primos… y hasta esos parientes lejanos a los que hace tanto tiempo que no ves. Tu madre quiere causar buena impresión, y sabes que para ella el aspecto físico es muy importante, por eso te pide, por favor, que ese día te vistas de una manera «correcta». Estás dispuesto a complacerla, dentro de unos límites. Aceptas que ella elija los pantalones y la camiseta que le parezca que debes ponerte, porque, al fin y al cabo, al día siguiente te vas a cambiar de ropa y no pasa nada. Pero a lo que no estás dispuesto es a cortarte el pelo, porque eso ya sería irreversible.

Por último, en esta situación:

- ¿Por qué crees que debes decir NO?
- ¿Cuáles son los argumentos que utilizas para negarte?

Hoja de resumen

Contesta a las siguientes preguntas

De todas las situaciones planteadas, ¿en cuál crees que te hubiera costado más decir no?
¿Eres capaz de saber por qué te hubiera costado ésta especialmente?
¿Cómo crees que te hubieras sentido al decir no?
Y la otra persona, ¿cómo crees que se hubiese sentido?

Cita tres motivos por los que creas que hay que saber decir no:
1.
2.
3.

Explica tres posibles reacciones de la persona a quien le decimos no:
1.
2.
3.

OBSERVACIONES:

No siempre es lo que parece

Habilidades socio-emocionales

Objetivo
Valorar las causas que llevan a otros a actuar antes de tomar nuestras propias decisiones.

Descripción
A veces, los demás actúan de una manera que no nos gusta y tendemos a pensar únicamente en las molestias que su modo de hacer nos ocasiona.

Posiblemente, si nos detenemos a hablar con ellos para averiguar las causas de su conducta, veremos que su intención no ha sido en ningún momento la de molestarnos, incluso podríamos decir que muchas veces ha sido todo lo contrario.

Actividad individual
Deberás comenzar leyendo la primera parte de la historia. Cuando llegues a la pausa, intenta contestar con sinceridad a las preguntas que se proponen. Después, continúa leyendo y, cuando termines, responde de nuevo a las preguntas planteadas. Es muy importante que intentes llegar a una conclusión. Posiblemente te será útil anotarla y tenerla a mano para pensar de nuevo en ella de vez en cuando.

Actividad en grupo

El director de la actividad comenzará leyendo la primera parte de la historia, y luego preguntará a los participantes sobre las cuestiones propuestas u otras similares. Cuando se consideren lo suficientemente tratadas las preguntas relativas a la primera parte, se continuará la lectura. Al terminar, se reiniciará el debate para propiciar que los alumnos puedan llegar a una conclusión sobre el desenlace de la historia presentada. Se pedirá a los participantes que redacten, cada uno a su manera, la conclusión a la que han llegado. Se leerán en voz alta las conclusiones, acordando entre todos cuál es la más significativa, y con cuál se sienten identificados y si son capaces de ponerla en práctica. Dicha conclusión se copiará en una cartulina que puede colgarse de la pared del aula para poder recordarla a menudo.

Participantes: individual y / o en grupo grande.
Edad: a partir de 10 años.

Primera parte de la historia:

Hoy es el cumpleaños de María. Está muy contenta porque cumple 13 años y este número le hace especial ilusión, ya que dice que no es supersticiosa.

Hace tiempo que había quedado con sus mejores amigos, Pablo y Ana, que esta tarde irían a merendar y después al cine. Está segura de que será un día especial y tiene muchísimas ganas de que llegue la tarde para salir a celebrarlo y pasarlo bien.

1. Sobre las 12 del mediodía, recibe un SMS de Pablo: «Cambio de planes. No puedo a las 5. Quedamos a las 7».

1

2. María, aunque no entiende los motivos del cambio, y en cierta manera le molesta un poco, en un principio no le da mucha importancia y decide esperar pacientemente a que lleguen las 7.

2

3. No obstante, a medida que avanza el día se va poniendo más nerviosa, y a las 5 y media llama a Ana para ver qué está haciendo, y para intentar quedar con ella antes de reunirse con Pablo. Pero ¡oh! la madre de Ana le dice que Ana no está en casa, que hacia las 5 ha pasado Pablo a buscarla y que se han ido juntos.

Reflexiona sobre lo siguiente

- ¿Qué crees que siente María?

Posiblemente esté muy enfadada, tal vez decepcionada, e incluso puede estar triste; también puede estar desorientada, desconcertada, ¿por qué está pasando esto?

- ¿Cómo te sentirías tú?
- ¿Qué puede hacer?
- ¿Qué alternativas tiene?

Cuando estamos muy enfadados, no somos capaces de analizar las situaciones de una manera correcta. No obstante, si nos proponemos analizar las alternativas ante cualquier dificultad cada vez nos será más fácil. Por ejemplo en el caso de María, podría:

- Llamar a Pablo y preguntarle qué está pasando.
- Intentar hablar con Ana para aclarar la situación.
- Relajarse pensando que si sus amigos han retrasado la cita, seguro que tienen un motivo importante para hacerlo.
- Enfadarse muchísimo, y llamar a otros amigos para celebrar su cumpleaños con ellos.

¿Qué harías tú en su lugar?
¿Cuál crees que es la mejor solución?

Segunda parte de la historia:

4

4. María no entiende nada, ¿cómo han podido hacerle algo así? Está muy disgustada, por su cabeza pasa de todo: ¡sus mejores amigos, en el día de su cumpleaños, haciéndole semejante jugarreta!

5. Incluso se llega a plantear no acudir al sitio donde habían quedado.

5

6. Al final, todavía muy disgustada, y con ganas de decirles cuatro frescas a sus, hasta entonces, amigos, decide presentarse en el sitio y a la hora que le había dicho Pablo, y cuando llega allí: ¡SORPRESA! No sólo se encuentra con Pablo y Ana, sino que además están un montón de amigos, esperándola repletos de ilusión y de regalos. Pablo y Ana le habían organizado una fiesta sorpresa y habían invitado a todos sus amigos. Por ese motivo habían necesitado disponer de dos horas para organizarlo todo: decorar el local, hacer pancartas, comprar las últimas cosas…

6

Reflexiona sobre las siguientes preguntas

- ¿Qué crees que siente ahora María?
- ¿Te esperabas que fuese ése el motivo?
- ¿Cuál crees que será su reacción?
- ¿Cómo te sentirías tú si fueses María?
- ¿Qué sentirían Pablo y Ana si se hubieran dado cuenta del enfado de María?
- ¿Qué conclusión crees que se puede sacar?
- ¿Consideras que esta conclusión puede ser útil para tu vida diaria?
- ¿Te serviría para darle un consejo a alguno de tus compañeros?

Para ayudarte a reflexionar

Debes pensar que a veces hay motivos que desconocemos y que hacen que las personas se comporten de una manera determinada. Por eso cuando no entendemos el comportamiento de alguna persona es bueno, antes de enfadarnos o llegar a conclusiones equivocadas, intentar aclarar las cosas, bien hablando directamente con ella, bien dejando que pase el tiempo.

¿Nos paramos a pensar?

Objetivo

Identificar y afrontar de manera satisfactoria los conflictos cotidianos.

Descripción

Es difícil saber lo que nos pasa si no somos capaces de detenernos a pensar en ello. Normalmente, los problemas con los que topamos tienen unas causas, unas consecuencias... pero también una o varias maneras de remediarlos.

Atención: es importante la supervisión del adulto para la realización de esta actividad.

Lee la siguiente historia, y anota en una hoja aparte los diferentes problemas que consideras que tiene el protagonista. El relato se titula El diario de Juan, y empieza así:

El diario de Juan

¡Hola! Me llamo Juan y tengo 11 años. Nunca había escrito un diario, pero a partir de ahora voy a hacerlo. Mi vida es un poco caótica, y voy a intentar escribir todo lo que me pasa para ver si me ayuda a solucionar algo.

Mi familia es una familia de las que diríamos «normal», o eso es lo que dice todo el mundo, ya que según la mayoría de adultos que me rodean yo no puedo opinar, porque todavía soy muy pequeño.

Mi padre, Enrique, tiene 35 años, y todo el mundo dice que para lo joven que es ha llegado muy lejos en la vida. Tiene un trabajo de mucha responsabilidad en una fábrica que está a unos 20 kilómetros de casa. Trabaja muchas horas al día, y eso hace que esté poco tiempo en casa. Pero, como dice él, lo compensa porque gana bastante dinero, y no nos falta de nada.

Mi madre, Montse, tiene un año menos que mi padre, y aunque trabaja también fuera de casa, no tiene un trabajo tan importante. Según ella, está bien porque así puede preocuparse de que en casa todo esté en orden, ya que mi madre es muy ordenada, y de que mis hermanos y yo no destrocemos la casa. Como puedes deducir, mis padres se casaron bastante jóvenes, ya que mi hermana mayor, Claudia tiene ya 14 años.

De mi hermana, qué te voy a contar. Está, según dicen, en la edad del pavo. Se lleva muy bien con mi madre, Claudia también es muy ordenada, y además a las dos les gusta ir juntas de compras, y a veces incluso se intercambian la ropa. En el cole también le va bien, es un poco empollona, siempre saca muy buenas notas, y eso le sirve para no hacer nada en casa con la excusa de que tiene deberes o que tiene que estudiar.

Participantes: individual o en grupo.
Edad: a partir de 10 años.

Además de Claudia, tengo otro hermano: Alberto, el «peque». Tiene sólo 5 años, y todos dicen que es un niño muy gracioso y divertido, aunque yo creo que exageran un poco. La verdad es que a veces es algo pesado. Se divierte tirando las cosas, rompiendo papeles… y después me toca recogerlo todo a mí. Cuando mi padre tiene algún rato libre se lo lleva por ahí a jugar a pelota, al parque, a los columpios… Mi padre dice que es para que nos deje tranquilos, pero yo estoy convencido de que le gusta y se lo pasa bien con él, porque cuando vuelven están los dos muy contentos. La verdad es que cuando mis padres salen por la noche, y le tengo que cuidar, termino muy cansado de él y de sus tonterías. Mi abuela Luisa dice que es un mimado y un consentido.

Y de mí, qué puedo explicaros: la verdad es que nada. No hay nada que haga bien como para destacarlo y, sin embargo, hago un montón de cosas mal que iréis descubriendo a lo largo del diario. Para poneros algún ejemplo, y según dicen mis padres: soy desordenado, no ayudo en casa, no soy divertido, siempre protesto por todo, no cuido de mi hermano, no soy tan buen estudiante como mi hermana…, y lo peor es que todo lo que dicen es verdad.

Bueno, esto último de buen estudiante sí que me gustaría contarlo. No es que sea tonto, estoy seguro de que no, pero yo en el colegio me lo paso muy bien. Me siento muy a gusto y no tan reprimido, y esto hace que a veces me pase un poco en mis bromas, o en mis comentarios, y que no me aplique tanto como debería, porque yo en el colegio soy feliz. Mis profesores siempre me dicen que si quisiera podría ser de los mejores de la clase, pero ¿para qué? Si me llevo estupendamente con la mayoría de compañeros y profesores, ¿para qué quiero más? Y eso me tiene un poco preocupado. Me gustaría comentarlo con mi madre o con mi padre, pero no veo el momento, siempre están ocupados. Bueno, mañana sigo… Buenas noches.

Ahora que ya tienes listados los problemas de Juan, debes intentar categorizarlos, en forma de esquema o de mapa conceptual, destacando los que crees más importantes y diferenciándolos de los secundarios.
Te recordamos la estructura del esquema y del mapa conceptual:

Esquema

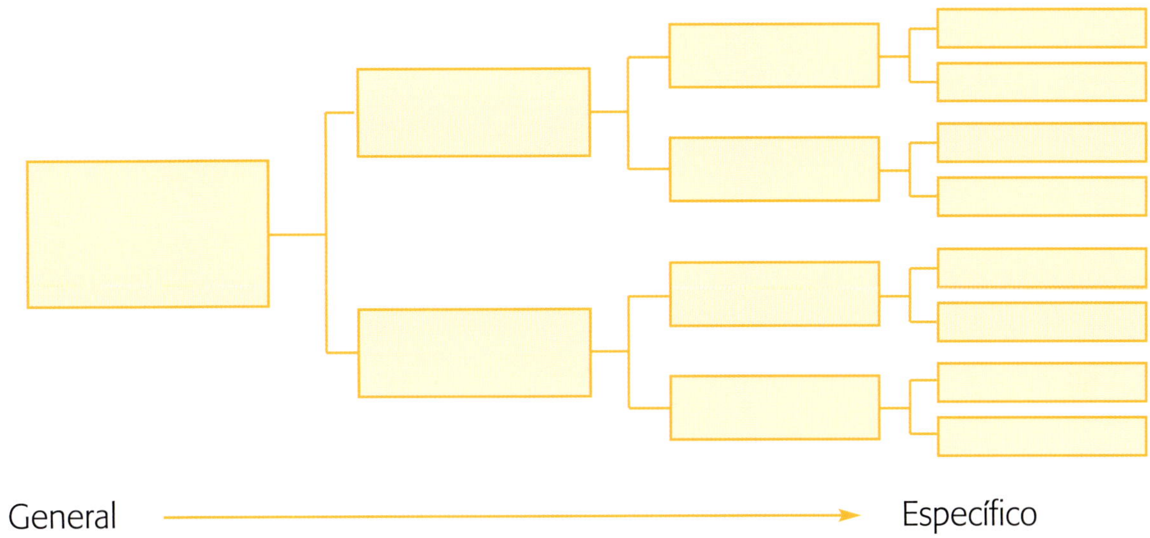

Mapa conceptual

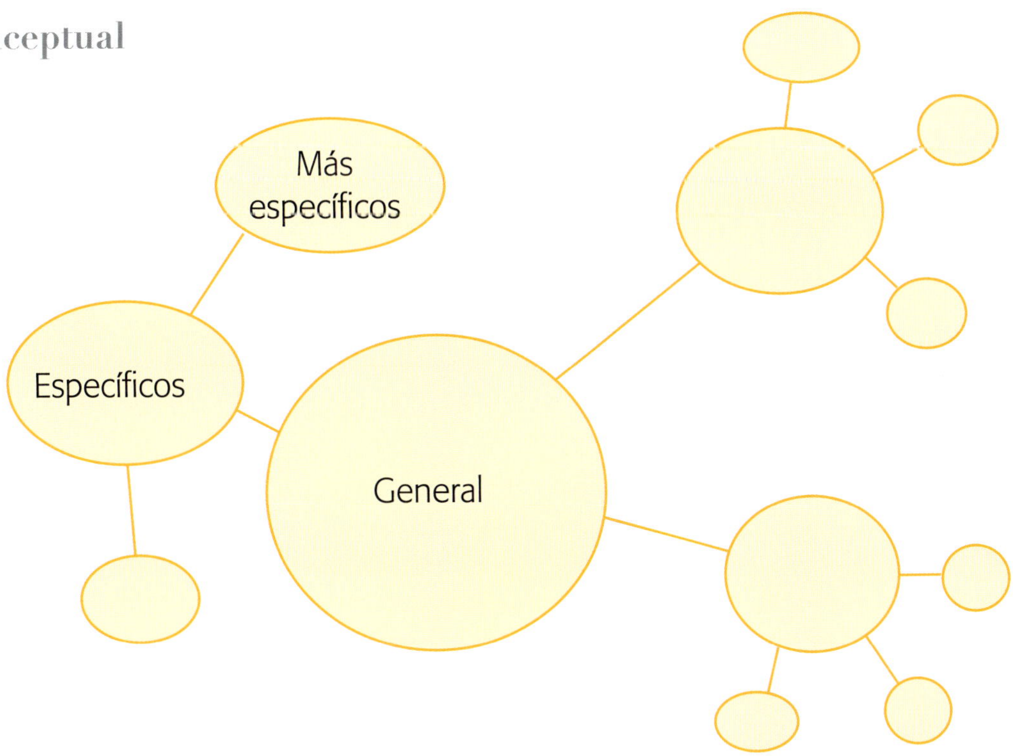

Ahora, intenta responder a las siguientes preguntas

- ¿Te ha sido difícil hacer esta categorización?
- ¿Crees que tus compañeros la habrían hecho igual que tú?
- Si crees que la hubieran hecho diferente, ¿a qué crees que se deben las diferencias?
- ¿Piensas que una manera de hacerla es mejor que otra?
- ¿Te parece que este ejercicio sería fácil para Juan?

Para ayudarte a reflexionar

No siempre es fácil identificar y poner nombre a los problemas. También debemos ser conscientes de que todas las personas no viven de la misma manera las situaciones, es decir, que lo que para nosotros es un problema muy importante, para otra persona puede no serlo. Ello depende de muchos factores: de nuestra manera de ser, de nuestra educación, de situaciones vividas anteriormente, de las expectativas que tengamos…

Más difícil todavía

- ¿Qué consejos le darías a Juan?
- ¿Crees que hay algo que pueda hacer para mejorar su situación?
- ¿Te parece exagerada la expresión de Juan «un poco caótica» o la crees acertada?
- ¿Crees que el problema de Juan tiene solución?

Para ayudarte a reflexionar

A menudo suele pasar que cuando damos un consejo a otra persona, lo hacemos pensando en lo que a nosotros nos iría bien. Las soluciones a los problemas que nos preocupan no son iguales para todas las personas, y por ello debemos pensar qué es lo que puede ser útil a la persona que queremos ayudar. Fácilmente podemos caer en el error de querer quitarle importancia a la situación que preocupa a la otra persona, es fácil decir: «¡Vaya tontería! ¿Y eso te preocupa?», por el contrario, si Juan considera que su vida es un poco caótica, los consejos deberían ir encaminados a poner solución a lo que él considera un caos.

Y ahora, mucho más difícil

- ¿Eres capaz de hacer el análisis que has hecho con el «caos» de Juan a partir de algún problemilla que tengas tú?
- ¿Crees que después de hacer el análisis te será más fácil encontrar soluciones a tus problemas?

Para ayudarte a reflexionar

A menudo nos resulta más fácil analizar los problemas de los demás que los propios. Cuando algo nos afecta, entran en juego emociones y sensaciones que pueden dificultarnos ver las cosas con claridad. Es conveniente que en estas ocasiones pidas ayuda a otras personas, que seguramente te podrán ayudar.

Observaciones para los educadores

En caso de realizar esta actividad en grupo, es interesante comparar los esquemas o mapas conceptuales de los participantes, y hacer que se den cuenta de las diferentes interpretaciones que dan a la historia de Juan; que reflexionen sobre las causas que provocan las diferencias.

Es importante señalar que el hecho de que un esquema esté bien hecho, no invalida el resto. Al contrario, debatir las diferentes categorizaciones puede serles útil a los participantes para descubrir qué motivos les llevan a dar más importancia a unos problemas que a otros.

Si se dispone de tiempo, es interesante analizar las diferentes soluciones que se pueden dar a un mismo problema, aunque sin estar seguros de que alguna o todas sean eficaces.

La otra cara de la moneda

Objetivo

Entender que hay diferentes maneras de ver las cosas, y aceptar el punto de vista de los demás.

Descripción

Las cosas no siempre tienen una única interpretación. La que nosotros le demos depende de muchas circunstancias: cultura, experiencias previas, estado de humor… y no necesariamente coincide con la de quienes nos rodean.

Observaciones para los educadores

Mejor hacer esta actividad después de un partido que se juegue en tu colegio o instituto entre dos equipos «rivales». Aunque también se puede aprovechar para llevarla a cabo una semana de esas en las que hay un partido de fútbol, o de otro deporte, de los considerados de máxima rivalidad.

Material: papel y lápiz.
Participantes: individual.
Edad: a partir de 10 años.

Al terminar el partido, o al día siguiente, fabrícate una cartulina según el modelo que te proponemos, y pide a tus compañeros de clase, a vecinos, amigos… que, en relación al partido, se identifiquen con una de las caras de la cartulina.

Asombrado	*Enfadado*	*Lloroso*	*Burlón*	*Contento*

Verás que cada uno se identifica con una diferente: unos están enfadados, otros están contentos… Y tú sabes perfectamente por qué: sencillamente, depende de qué equipo sean.

El hecho es uno y objetivo: se ha jugado el partido, y al final ha habido un resultado; pero la reacción, la interpretación del resultado, las emociones y los sentimientos que provoca son subjetivos, y por lo tanto diferentes en unas u otras personas.

Hasta aquí ha sido fácil, ahora vamos a complicarlo

- Piensa en alguna ocasión en la que se pueda dar una situación parecida: un único hecho y dos interpretaciones distintas. Seguro que te ha pasado en más de una ocasión.
- Intenta recordar alguna de esas ocasiones y piensa cómo te sentías viendo que otro estaba interpretando las cosas de manera diferente a ti. Descríbelo en una hoja aparte.
- ¿Crees que alguno de los dos llevaba razón?

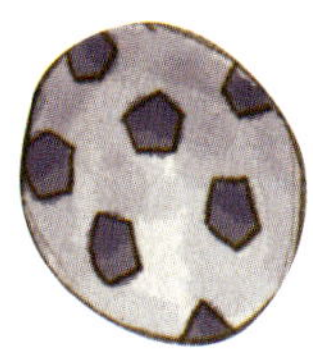

Para ayudarte a reflexionar

Seguro que recuerdas muchas situaciones como las descritas: un partido, unos juegos florales, una eliminatoria…, en todos estos casos en los que hay una competición una o unas personas ganan y las otras no, con lo cual es evidente que la reacción de unas y otras será diferente.

Hasta aquí es fácil, sencillamente se trata de recordar que cuando se compite se puede o no ganar, y de ser sensibles a la hora de demostrar nuestra alegría o nuestra tristeza para no ofender a los otros.

Puede ocurrir también que en la diferente manera de ver las cosas influyan nuestros valores, nuestras convicciones…, en estos casos es más difícil entender el punto de vista de la otra persona, pero igualmente tenemos que demostrar en todo momento respeto y tolerancia.

Igual, pero diferente

Objetivo

Reconocer y aceptar que hay diferentes maneras, todas correctas, de percibir las cosas.

Descripción

No todos vemos las cosas de la misma manera, incluso nosotros mismos podemos cambiar el modo de verlas según el día.

Necesitas un objeto cotidiano, un libro, un muñeco... Pide a unas cuantas personas, compañeros de clase, amigos, familia... que las describan y anota sus descripciones.

Material: un objeto cotidiano, papel y lápiz.
Participantes: individual.
Edad: a partir de 8 años.

A continuación, analízalas

- ¿Todos han señalado las mismas características?
- ¿Ha habido alguien mucho más detallista que los demás?
- ¿Ha habido algún detalle que para alguno fuera muy importante y que los demás hayan pasado por alto?
- ¿Todas las descripciones eran fieles?
- ¿A qué crees que se deben las diferencias entre las descripciones de unos y las de otros?

Observaciones para los educadores

Esta actividad se puede trabajar en grupo, haciendo creer que el objetivo de las descripciones es adivinar de qué objeto se trata.

Es evidente que, en un principio, no se puede afirmar que todos describirán el mismo objeto.

Al final se iniciará el debate y la reflexión sobre cómo una cosa se puede interpretar de diferentes maneras.

Para ayudarte a reflexionar

La descripción de cada una de las personas depende de la importancia que le dan a cada uno de los detalles y es normal y habitual que cada uno se fije en aquello que es más importante para él.

Seguramente hay muchas características del objeto en las que han coincidido, y quizá también alguien ha señalado algún detalle que a ti te ha llamado la atención porque no habías reparado en él. Puedes aprovechar y preguntarle sobre esa cuestión en concreto, seguramente te ayudará a conocer mejor a esa persona.

Habilidades para la vida y el bienestar emocional

En este capítulo se proponen una serie de actividades que pretenden desarrollar tus competencias para que afrontes con mayor satisfacción los desafíos diarios de la vida.

Todos nos vemos obligados cada día a hacer frente a situaciones muy variadas. Algunas son tareas sencillas, como puede ser: poner la mesa, retirarla, fregar los platos, etc.; otras situaciones son más complejas, como realizar cálculos aritméticos, solucionar problemas matemáticos, defender nuestros intereses cuando otros quieren que hagamos algo que no nos conviene, etc.

Las habilidades para la vida son recursos que pueden aprenderse. Cuando se van adquiriendo, ayudan a las personas a superar mejor todos los retos cotidianos y también a estar preparados para afrontar los imprevistos que de vez en cuando aparecen en nuestro día a día.

Las actividades propuestas son un conjunto de ejercicios para desarrollar las habilidades que te ayudarán a organizar tu vida de forma saludable y equilibrada. Por otra parte, también vas a aprender recursos que te faciliten disfrutar de experiencias satisfactorias y, en definitiva, te ayuden a sentirte mejor.
En definitiva, a gozar de mayor bienestar.

Hablar de bienestar es hablar de sentirse bien con uno mismo y con los demás. En general, una persona se siente bien cuando está sana, cuando disfruta con otras personas (amigos, familia) y cuando es aceptado socialmente.
El bienestar es algo diferente para cada persona. Depende en gran parte de la forma de ver y valorar lo que nos rodea (personas, objetos, acontecimientos). En el propio bienestar emocional cada uno tiene un papel importante. Existen algunos recursos, habilidades y pequeños trucos que cada uno puede poner en práctica para así sentirse mejor.

En las actividades que se proponen a continuación, reflexionaremos sobre cómo evitar el aburrimiento; quiénes son las personas con las que podemos contar; cómo comportarnos en diferentes situaciones para sentirnos bien; cómo tomar decisiones; cómo enfrentarnos a la vida con optimismo, etc. Aprenderemos que prevenir es beneficioso, que podemos hacer cosas nuevas que nos produzcan bienestar, buscaremos aquellos secretos personales que nos evocan situaciones agradables y aprenderemos a utilizarlos para generar emociones agradables.

Por último, queremos proponerte que adoptes un estilo de vida saludable, de forma consciente, para adquirir competencias de vida que promuevan tu bienestar. Son sólo unos pequeños cambios que, realizados con constancia, pueden representar un cambio notable al cabo de un tiempo.

¿Puedes divertirte con algo aburrido?

Objetivo
Descubrir que somos responsables de nuestro estado anímico.

Descripción
Todos nos hemos aburrido alguna vez. Y nos aburrimos porque no sabemos qué hacer. Pero la solución está en tus manos. Existe un truco muy sencillo.

Fíjate en estas dos simples preguntas

- ¿Qué cosas me entretienen?
- ¿Qué cosas me divierten?

A continuación, piensa en las respuestas que darías y apúntalas en un papel o una libreta. Ahora, elige una de las cosas que has anotado que te gustan y hazla. Ya no te aburrirás.

Participantes: individual.
Edad: a partir de 8 años.

Si alguna otra vez empiezas a sentir aburrimiento, busca tu lista y échale un vistazo. ¡Seguro que encuentras algo más divertido que estar tumbado y quejándote de que te aburres!

Vamos a poner un ejemplo:

Rosa ya tiene hecha una lista de las cosas que le gustan. Puesto que en esta tarde lluviosa no ha podido salir a jugar a la calle, ha decidido escoger una de las actividades de su lista: va a planear las vacaciones con su familia.

Están consultando en Internet para elegir destino entre todos. Seguro que pasarán una tarde muy entretenida.

Recuerda

El aburrimiento aparece cuando no encuentras sentido a lo que haces o a lo que ocurre a tu alrededor. Tienes muchas cosas interesantes para ver, oír, hacer, pensar, etc. Sólo necesitas decidir que no quieres aburrirte.

Ampliación de la actividad

Confecciona una lista larguísima con todas las actividades que les gusta realizar a: los miembros de tu familia, tu grupo de amigos, otras personas que conoces. Seguro que te aporta un montón de ideas divertidas.

¡Vivo rodeado de gente maravillosa!

Objetivo

Tomar conciencia de qué personas son importantes para nosotros.

Descripción

Intenta, sin pensarlo demasiado, adivinar el número de gente que conoces. Anótalo. Ahora, escribe una lista con todas las personas que son importantes en tu vida por cualquier motivo.

Piensa en lo que te proporcionan: cariño, diversión, ayuda médica, enseñanza, cuidados, alimentación, protección… todo lo que se te ocurra, y agrúpalas en varias categorías.

Para ello escribe los nombres haciendo una flor parecida a la del dibujo:

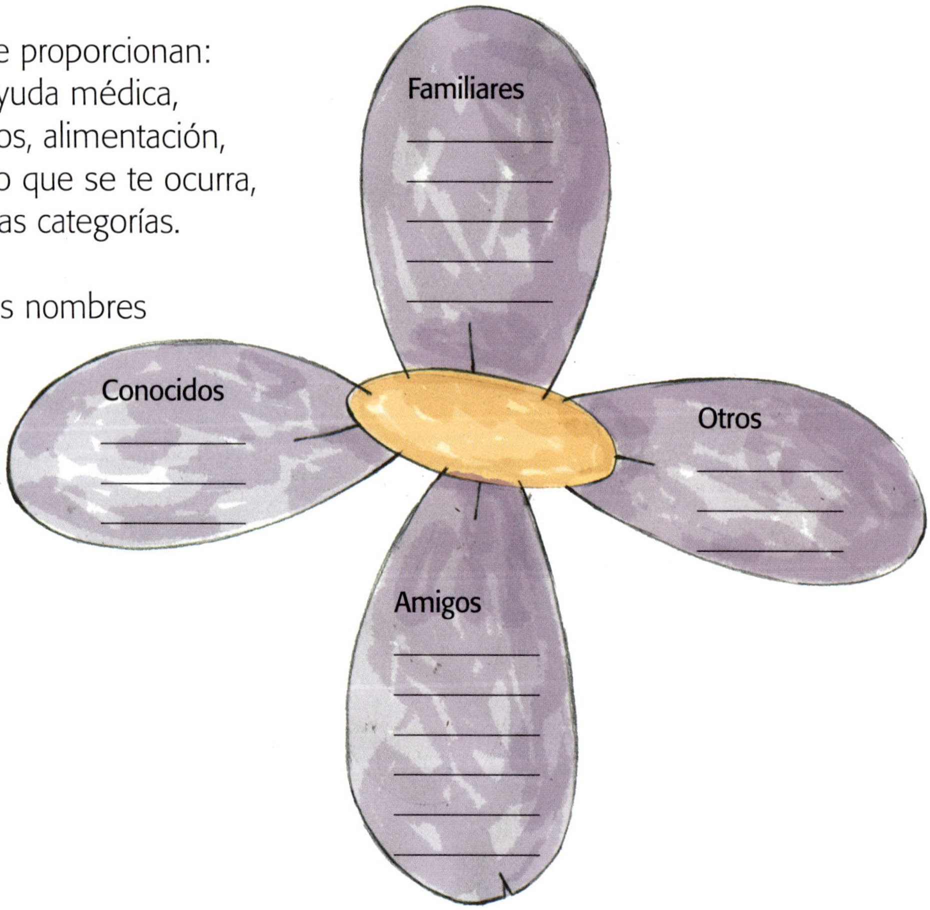

Orientaciones para los educadores

Para ayudar al niño a reflexionar sobre la diversidad de personas a las que necesita en su vida y lo importantes que son para él, puede ser útil el siguiente ejercicio:

Piensa en tus actividades diarias y nombra a todas las personas con las que te relacionas desde que te levantas hasta que te acuestas.

Material: papel y bolígrafo. Para la variante: fotografías, lápices de colores y revistas para recortar.
Edad: a partir de 8 años.

Piensa en lo siguiente

- ¿Hay personas con las que te relacionas sólo algunos días concretos o en determinadas actividades?
- ¿Qué personas son imprescindibles en tu vida?
- ¿Qué personas son importantes sólo en momentos clave? Por ejemplo, cuando te pones enfermo, cuando se te rompe algo, durante las vacaciones, etc.

Variante de la actividad

Puedes realizar un *collage* recortando fotografías o haciendo dibujos.

EN RESUMEN PUEDO DECIR QUE:
Conozco aproximadamente a_____________ personas (pon un número). *De mi familia, son _______________ personas (pon un número).* *Puedo contar con las personas que conozco, cada una me aporta algo.* *Algunas son para mí más importantes que otras.*

Mi vestuario

Objetivo

Identificar cómo nos adaptamos a las circunstancias.

Descripción

Conocer cómo nos condicionan las circunstancias y cómo requieren la adaptación de nuestros hábitos personales contribuye al desarrollo del saber estar.

¿Has pensado alguna vez en cómo será algún aspecto de tu vida dentro de 2 años? ¿Y dentro de 5? ¿Y dentro de 10? ¿Y dentro de 25?

Lee la historia de Carmen:

Un día, Carmen empezó a soñar despierta. Se veía a sí misma en una fiesta; era la celebración de final de sus estudios primarios.

Llevaba un vestido precioso, parecido al que meses antes había visto lucir a su prima en una comida familiar.

Después, comenzó imaginarse cómo vestiría cuando tuviese 18 años. Se veía como una modelo de las que salen en las revistas, se imaginó con diversos y lujosos vestidos ceñidos y escotados.

Después, pensó en cómo vestiría a los 25 años, cuando ya trabajase. Carmen deseaba ser recepcionista de un hotel. Se imaginaba vestida con el uniforme: un traje azul marino y zapatos con un discreto tacón. Estaba elegante.

Después, pensó en cómo iría vestida en casa, después de volver del trabajo. Se veía con ropa cómoda, y luego con un atuendo informal –vaqueros y camiseta– para ir a la compra. Carmen detuvo sus pensamientos y se dijo a sí misma:

–¡Vaya, hasta hoy no había prestado atención a las diferentes maneras que tenemos de vestirnos!

Luego pensó en que de todas las situaciones anteriores había una que no encajaba con su realidad...

¿Has adivinado cuál?

Carmen se dijo que vestir como una modelo, a no ser que se dedicara a ello, no sería algo normal. Después, pensó que como la recepcionista de un hotel sí había imaginado el atuendo apropiado.

Carmen acabó su sueño pensando en cómo sería su vida si se fuese a vivir a China.

Para ayudarte a reflexionar

Y tú, ¿cómo crees que vestirás de mayor? Imagínate dentro de bastantes años, cuando vayas a trabajar. ¿Cómo te ves? Podrías hacer un dibujo, puede ser muy divertido recuperarlo cuando llegue el momento y contrastar la realidad con lo que opinas ahora.

Para aproximarte más a la realidad, ten en cuenta tus circunstancias actuales. Piensa en dónde vivirás, con quién, qué trabajo desempeñarás, en qué lugar, si estarás o no en contacto con otras personas y otras cosas. Fíjate que hay circunstancias que condicionan más y otras menos.

La importancia de las decisiones

Objetivo

Tomar conciencia de la importancia de las decisiones y de la responsabilidad que asumimos al tomarlas.

Descripción

Cada día tomas un montón de decisiones, de ellas depende cómo te van las cosas. Te proponemos un juego: revisa algunas de las decisiones que tiene que tomar Eduardo en un día cualquiera y analiza sus consecuencias…

A las 7:45 h suena el despertador de Eduardo; es lunes y tiene mucha pereza.

¿Qué decide hacer Eduardo?

a. Levantarse enseguida. Pensar en que será un gran día y empezar con ánimo; Eduardo puede desayunar con tiempo suficiente y llegar puntual a la escuela.

b. Apagar el despertador y darse media vuelta para seguir durmiendo. Al cabo de un rato llega su madre y lo despierta. Se muestra disgustada por la pereza de Eduardo y lo regaña. Ahora hay que darse prisa y además empieza el día con una regañina.

A las 9 h, puntual, la maestra empieza la clase. Le pide a Eduardo que le preste su cuaderno a Raúl para que copie los ejercicios del día anterior, porque estuvo enfermo.

A Eduardo no le apetece prestárselo porque la última vez que le prestó su cuaderno, Raúl se lo devolvió lleno de tachones.

¿Qué decisión toma?

a. Obedece a la maestra y le presta el cuaderno a Raúl. Se siente mal y está todo el rato inquieto mirándole para asegurarse de que no estropea su cuaderno. Por eso se distrae y no se concentra en su trabajo.

b. Entrega el cuaderno a Raúl y al dárselo le dice: «Cuídalo, por favor. Me gusta conservar el cuaderno limpio». Confía en que habrá entendido el mensaje y tendrá más cuidado que la vez anterior. Se centra en su tarea sin preocuparse más del cuaderno.

c. Se niega a entregar el cuaderno diciendo en voz alta a la maestra lo ocurrido en la otra ocasión. La maestra considera que Eduardo debería dar una segunda oportunidad a Raúl e insiste para que le preste su cuaderno, pidiéndole a éste que sea responsable con lo que se le deja. Raúl se siente herido al ser criticado en público, y se enfada con Eduardo. El clima de la clase es tenso: Eduardo está contrariado porque la maestra lo ha obligado a dejar el cuaderno a Raúl y, aunque reconoce que su comportamiento ha sido poco cortés, está tenso e inquieto por la reacción de Raúl.

Son las 11:30 h, hora del recreo. Eduardo quiere jugar al balón con sus compañeros, pero le dicen que hoy ya tienen el equipo formado. Se siente rechazado y triste.

¿Qué decide hacer?

a. Sentarse en un rincón mientras se come el bocadillo y observar cómo se divierten los demás. Se siente triste, abatido, sin posibilidad de pasarlo bien en el recreo.

b. Insiste, propone alternativas, negocia su participación como árbitro. Adopta una actitud de participación, acepta la decisión de sus compañeros a pesar de que no le gusta. Pero, lejos de sentirse rechazado, su actitud colaborativa e imaginativa puede proporcionarle un lugar en el juego.

c. Se enfada con ellos y, dando media vuelta, les dice que hay otros niños con quien jugar. Se siente rechazado, molesto y de mal humor. Se va a jugar con otros, pero su enfado le impide disfrutar.

Por la noche, tras la cena, sus padres están viendo la televisión. Dan un programa que parece divertido y a Eduardo le apetece verlo.

¿Qué decisión toma Eduardo?

a. Desobedeciendo a sus padres y no acostándose enseguida, se va entreteniendo con tal de ver el programa. Después, les pide que le dejen verlo media hora más; y ellos acceden. Al día siguiente, cuando suena el despertador, Eduardo está muerto de sueño y su madre le recuerda que es consecuencia de acostarse demasiado tarde.

b. Analiza la situación, entiende que sus padres le dicen que se acueste pronto por su bien, a pesar de que el programa es divertido y de que le gusta estar con ellos un ratito viendo la televisión. Decide acostarse, da las buenas noches y al día siguiente se levanta fresco como una rosa.

Intenta darte cuenta de las decisiones que has tomado hoy y las consecuencias que comportan. Puedes hacer este ejercicio siempre que quieras; incluso puedes fijarte en las decisiones que toman los demás en diferentes situaciones. También puedes invitar a tus amigos a jugar al «¿Qué pasaría si decido....?», imaginando diferentes situaciones en las que, día a día, hay que tomar decisiones y valorar las consecuencias de las posibles alternativas.

Recuerda

No es necesario tener un problema para tomar una decisión, sino que basta con tener diferentes alternativas ante una situación cotidiana. Cada alternativa tiene sus consecuencias. Cada uno es responsable de las consecuencias de sus decisiones.

Una ayuda no es una deuda

Objetivo

Comprender que hacemos cosas por los demás de forma desinteresada.

Descripción

Observa que, a menudo, cuando alguien hace algo por nosotros nos sentimos como si estuviésemos en deuda con él; o al revés, cuando hacemos algo por los demás les estamos haciendo sentir en deuda con nosotros.

Hoy, Luis, después de cenar, ha empezado a escribir una larga lista. Su madre, intrigada por su silencio, le ha preguntado:

–¿Qué escribes?
Luis ha respondido, muy serio:
–Estoy haciendo mi factura de la semana.
–¿Tu factura de la semana? ¿A qué te refieres?

Luis se levanta, le da el papel y dice:
–Toma, mamá. Si quieres, podemos negociar algunos precios.

La mamá de Luis lee, atónita, una lista que pone:

Regar las plantas del balcón	3€
Poner la mesa cada día	12€
Ayudar a mi hermana con sus deberes	10€
Ir a comprar el pan el fin de semana	3€
Ordenar mi habitación	4€
Hacer los deberes y sacar buenas notas	20€
TOTAL	52€

Sin decir palabra, su mamá coge el papel,
le da la vuelta, y escribe, silenciosa:

Llevarte 9 meses en mi vientre	NADA
Darte el pecho durante 6 meses	NADA
Quererte con todo mi corazón	NADA
Cuidarte cuando estás malito	NADA
Llevarte al colegio y recogerte cada día	NADA
Preocuparme por ti y por tu futuro	NADA
Abrazarte cuando lloras	NADA

Al leer la lista de su madre, Luis comprende que no todo lo que hacemos por los demás tiene precio. Ha mirado a su madre a los ojos, y diciéndole «Te quiero», ha escrito en el mismo papel: «Deuda Cancelada».

En esta historia, hemos visto que la madre de Luis hace muchas cosas por él sin esperar nada a cambio.

Seguro que tú también haces muchas cosas sin pensar en obtener recompensa alguna, y que también recibes atenciones de los demás sin ofrecerles nada a cambio. Podrías anotar en un diario cuántos de estos comportamientos descubres en los próximos días.

Para ayudarte a reflexionar

Cuando alguien hace algo por otro sin esperar recompensa, suele sentirse muy bien consigo mismo y hace felices a los demás. A eso se le llama comportamiento prosocial. Hay muchas maneras de tener un comportamiento prosocial, algunas veces puede consistir en algo tan sencillo como, por ejemplo, dedicar diez minutos a escuchar a alguien que lo necesita.

Mi actitud frente a las tareas

Objetivo

Analizar las actitudes con que se afrontan las diferentes actividades cotidianas y aprender a realizarlas con una actitud más positiva.

Descripción

Nuestra vida está llena de actividades. Algunas forman parte de la rutina, otras son improvisadas o las planificamos, las elegimos excepcionalmente o en ocasiones puntuales.

Algunas suelen hacerse sin demasiado esfuerzo ni interés, mientras que otras despiertan más motivación y entusiasmo y, en consecuencia, disfrutamos más realizándolas.

Hay tareas que tenemos que hacer por obligación y que no siempre resultan agradables, como recoger la mesa, hacer los deberes, lavar los platos, bajar la basura, ordenar el escritorio o la habitación, acompañar a alguien de compras, etc. Algunas veces, incluso, dejamos de hacerlas o las hacemos «de cualquier manera» con tal de terminar cuanto antes. Pero luego vienen las consecuencias y nos sentimos mal por no haber cumplido con nuestro cometido.

Participantes: individual.
Edad: a partir de 8 años.

Dicen los expertos que para ser feliz hay que querer lo que uno debe hacer. En otras palabras: si nos esforzamos y valoramos la necesidad de las cosas que hacemos, así como el resultado obtenido, nuestra satisfacción será mayor y haremos nuestras tareas de mejor humor.

El primer paso para lograr un cambio de actitud ante las actividades habituales puede ser reflexionar sobre las tareas que te suponen un esfuerzo. A continuación encontrarás un gráfico a modo de ejemplo para que intentes aplicarlo a tu caso. Puedes responderlo en voz alta o, si prefieres, anota las respuestas en un papel y revísalas más adelante.

ACTIVIDAD	MOTIVACIÓN	ESFUERZO	RESULTADO
¿Qué actividades realizas después de clase?	¿Por qué las haces?	Valora de 0 a 10 el esfuerzo que supone cada una. ¿Es un esfuerzo físico, mental, de tiempo…?	¿Qué te aporta cada una? ¿Te resulta satisfactoria en sí?
Tus juegos o entretenimientos favoritos	¿Qué te aportan?	Valora de 0 a 10 el esfuerzo que supone cada uno. ¿Es un esfuerzo físico, mental, de tiempo...?	¿Qué obtienes?
¿Cuáles son tus programas de tele favoritos?	¿Qué es lo que más valoras de ellos?	Valora de 0 a 10 el esfuerzo que supone. ¿Cuánto tiempo inviertes en verlos?	¿Qué te aportan u obtienes?
¿Qué te parece lo más importante o interesante del día?	¿Por qué?	Valora de 0 a 10 el esfuerzo que supone	¿Qué te aportan u obtienes?
¿Qué te parece lo menos importante o interesante del día?	¿Por qué razón?	Valora de 0 a 10 el esfuerzo que supone	¿Qué obtienes a cambio?
¿Qué cambiarías de tus actividades?	¿Por qué?	Valora de 0 a 10 el esfuerzo que supondría hacer el cambio	¿Qué te aportaría u obtendrías?

Para terminar, escoge aquellas actividades que te han parecido menos agradables y piensa en cómo conseguir que te resulten más llevaderas.

Querer es poder a pesar de…

Objetivo

Reflexionar sobre nuestras creencias e intenciones para descubrir qué nos impide conseguir nuestros objetivos.

Descripción

Seguro que ya conoces la famosa frase: «querer es poder», que, aunque suene a tópico, encierra una gran verdad. Para ilustrarlo, lee atentamente esta historia:

Una vez se organizó una carrera de ranas. El objetivo era subir a lo más alto de una torre.

Al principio, todas salieron con entusiasmo para alcanzar la meta, pues el premio era extraordinario.

Pero los espectadores, nada más comenzar la carrera, empezaron a burlarse de ellas y les chillaban:

– Jamás alcanzaréis la meta, es imposible.

– ¿Por qué no lo dejáis correr?

Estáis locas. Nadie jamás ha conseguido llegar a semejante altura.

Tanto se reían y se burlaban que, poco a poco, las corredoras fueron desistiendo y retirándose, convencidas de que, realmente, era imposible llegar a la cima.

Pero una ranita subía y subía. Y tanto empeño puso que, al final, consiguió llegar y hacerse con el premio. Los espectadores se quedaron de piedra, no podían creerlo. Los periodistas, rápidamente le hicieron una entrevista preguntándole cómo era posible que hubiese alcanzado algo que parecía, realmente, un sueño inalcanzable.

Y la ranita sólo decía: ¿Qué? ¿Qué? ¿Qué? Entonces, descubrieron que era sorda y que durante la carrera creía que el público la estaba animando[1]*.*

1. Cuento anónimo

Fíjate que la ranita de la historia creyó en sus posibilidades y se esforzó enormemente por alcanzar su meta.

- ¿Qué crees que hubiese pasado si no hubiera sido sorda?

¡Acertaste! Probablemente, hubiese abandonado igual que lo hicieron sus compañeras, porque la presión del grupo le habría hecho creer en la imposibilidad de alcanzar la cima.

Reflexiona a partir de las siguientes preguntas

- ¿También tú crees a pies juntillas en lo que te dicen los demás acerca de tus posibilidades?

Escuchar a los demás puede ser positivo, pero siempre que lo contrastemos con nuestra propia opinión.

- ¿Te envías mensajes positivos a ti mismo?

Cuando crees en tus posibilidades, te esfuerzas. Ése es el truco que te permite llegar a la meta o aproximarte al máximo. Si en el esfuerzo te animas a ti mismo con pensamientos de aliento y te repites cosas como: «¡Ánimo, tú puedes!», tu resistencia aumenta y tienes más posibilidades de lograr el objetivo.

Las palabras, buenas o malas, pueden hacer mucho bien o mucho mal a quien las escucha. Es importantísimo brindar palabras positivas y de aliento a los demás, pero también a uno mismo. Y, a la vez, hay que ser «sordo» cuando alguien te diga que tú no vales o que no puedes alcanzar tus sueños.

Mis "talismanes secretos"

Objetivo
Reflexionar sobre los recursos que podemos poner en juego para mejorar nuestro estado emocional.

Descripción
Cualquiera de nosotros vive un montón de experiencias, agradables y desagradables. Ante las situaciones desagradables tenemos sensación de malestar. Sin embargo, siempre podemos recurrir a nuestros *talismanes secretos* para sentirnos mejor. Claro que seguramente te estás preguntando: pero, ¿qué es un *talismán secreto*?

Un *talismán secreto* puede ser un pensamiento, una imagen, una música, un gesto, etc., que sólo tú conoces y que te evoca algún momento en el que experimentaste una sensación de bienestar o felicidad muy grandes. Cuando recurres a tu *talismán secreto* sientes una agradable sensación de bienestar; es como si tomaras una dosis más pequeña de las mismas emociones que te provocó esa experiencia tan agradable que estás recordando.

Una emoción desagradable se transforma experimentando otra agradable. Por eso, cuando recurres a tu *talismán secreto* y te concentras en él, el malestar disminuye de manera considerable.

Ahora necesitas descubrir cuál o cuáles son tus *talismanes secretos*. Para ello sigue los siguientes pasos:

1. Busca en tus recuerdos.

Por ejemplo:

- Intenta recordar situaciones en que te divertiste muchísimo.
- Imagínate realizando la actividad que más te gusta.
- Intenta recordar aquella vez en que te sentiste más querido que nunca.
- Devuelve a tu pensamiento la imagen de aquel paisaje que te hizo sentir una enorme sensación de paz interior.
- Busca en tu memoria tu canción favorita.

2. Elige aquél o aquéllos de tus recuerdos que te hacen sentir mejor.

3. Practica concentrándote en uno de ellos cada vez que te sientas mal ante alguna situación.

Recuerda

El uso del *talismán secreto* es personal e intransferible. Sólo te sirve a ti y sólo tú puedes decidir cuándo usarlo. Con la práctica, los resultados mejoran.

¿Soy positivo y optimista?

Objetivo
Reflexionar sobre las características de las personas optimistas y las ventajas de adoptar actitudes positivas frente a los retos cotidianos.

Descripción

A continuación, encontrarás un ejercicio de imaginación basado en la imagen mental que tienes de una persona optimista. Se trata de que recuerdes a alguien que conozcas bien a quien calificarías de optimista. Durante todo el ejercicio, piensa en esa persona.

Ahora piensa si tu «persona optimista.» posee alguno de los rasgos distintivos destacados en negrita de la lista que hay a continuación.

- **Sonríe con frecuencia.**
- Acostumbra a estar apática, sin hacer nada.
- **No se hunde ante los problemas, les planta cara.**
- **Cree que puede hacer algo para mejorar las cosas.**
- Se desespera con frecuencia.
- **Confía y se esfuerza para conseguir lo que se propone.**
- Tira la toalla ante retos difíciles.
- **Tiene facilidad para encontrar algo bueno en todo.**
- Se centra en los problemas y le cuesta salir de ellos.
- **Su frase favorita podría ser «siempre hay esperanza».**

¿Te gustaría aprender a ser más optimista? Algunos ejercicios útiles para adoptar una postura más positiva ante la vida pueden ser:

1- Busca mensajes positivos de lo que te pasa.

Para ello:

A Identifica los pensamientos negativos que te vienen automáticamente a la mente y que te producen tristeza, rabia, angustia... Por ejemplo:

«¡Jamás lo conseguiré!»

B Observa qué provoca que pienses así. Posiblemente te darás cuenta de que estás exagerando o que generalizas una situación puntual o parcial.

C Cuando pienses cosas como:

«He cometido un error.»

«Por un momento he dejado de confiar en mí…»

«Estoy nervioso, debo tranquilizarme…»

D Cambia el pensamiento negativo por otro más positivo imaginando qué puedes hacer tú para mejorar la situación.

E Entonces, piensa cosas como:

«Aún no está todo perdido.»

«Si me esfuerzo o pido ayuda, tal vez pueda conseguirlo más adelante.»

«Voy a tranquilizarme respirando profundamente y seguro que luego me sale mejor».

2- Entrénate interpretando de forma positiva.

- Los sucesos que te hayan pasado a ti o a otros.
- Las cosas que te preocupan.
- Las costumbres que no te gustan (en casa, en tu grupo de amigos, sociales…).
- Las características de personas con quien congenias menos.

3- Esfuérzate por destacar la parte positiva de las cosas.

Eso no significa olvidar las negativas, pero sí reaccionar con mejor actitud. Por ejemplo, recuerda que los optimistas se fijan en el «Donut» y los pesimistas, en el agujero.

Recuerda

El optimismo es la actitud positiva y alegre con la que se afronta el día a día y que ayuda a triunfar en las relaciones, en los estudios, en la profesión y en la vida en general. Te permite vencer las dificultades, superar los contratiempos y progresar.

Más vale prevenir que curar

Objetivo

Decidir qué hábitos son los más saludables para fortalecer la salud y contribuir al bienestar personal.

Descripción

Es bien sabido que la salud influye en nuestro bienestar de una forma decisiva. ¿Has pensado alguna vez que tu salud depende en gran medida de tus hábitos o costumbres? ¿Sabías que puedes influir positivamente en tu salud? ¿Te apetece valorar hasta qué punto tienes hábitos preventivos para tu salud?

Toma un papel y anota una puntuación entre 0 (nunca) y 10 (siempre) para cada una de las siguientes actividades o costumbres:

– Como cada día fruta y verdura.

– Me cepillo los dientes con regularidad.

– Procuro bajar y subir las escaleras andando.

– Habitualmente hago ejercicio físico (practico gimnasia, corro, patino, voy en bicicleta, etc.)

– Organizo mi tiempo para evitar prisas de última hora.

– Intento relajarme cuando noto que estoy nerviosa (respiro profundamente, imagino que estoy en una situación agradable…).

– Duermo lo suficiente.

– Llevo un horario bastante regular.

– Desayuno y meriendo evitando bollería industrial (bizcochos, cruasanes, pastas, etc.).

– Me río con frecuencia.

– Procuro mantener posturas adecuadas (por ejemplo, al sentarme para no lastimar mi espalda, etc...).

– Bebo una cantidad suficiente de agua cada día.

Ahora, suma los puntos y divídelos entre 12. Obtendrás un número entre el 0 y el 10. Ésa es la puntuación que has conseguido en términos de prevención de salud.

Para ayudarte a reflexionar

Fíjate en qué hábitos has puntuado más bajo. Escoge uno (mejor no elegir más de uno a la vez). En una hoja, diseña un plan de cambio y mejora personal y cuélgalo en tu escritorio o en el espejo del baño. Se trata de que lo tengas presente y revises a diario si vas consiguiendo tu objetivo de mejora.

Observaciones para los educadores

Numerosos estudios afirman que para adquirir nuevos hábitos saludables es preciso practicarlos de forma ininterrumpida durante 21 días.

Inventario de sucesos agradables

Objetivo

Aprender a centrar la atención en los sucesos agradables o positivos que nos ocurren a diario y que, en conjunto, son fuente de bienestar personal.

Descripción

Hacer inventario significa hacer una lista de las pertenencias de alguien.

Haz inventario de todas las cosas buenas que te van pasando cada día. Seguro que también te ocurren cosas no tan buenas o incluso desagradables, a veces. Sin embargo, con este ejercicio puedes aprender a no olvidar que cada día te proporciona experiencias o momentos agradables que te ayudan a ser más feliz.

Martín realizó este ejercicio y quedó sorprendido de la larga lista de cosas agradables que le sucedían y a las que jamás había prestado atención.

En su lista se podía leer, por ejemplo:

- Hoy mi hermana me ha hecho una caricia en la cabeza al pasar por mi lado.
- He acabado la tarea a tiempo ¡y me he sentido genial!
- Mis amigos me han dejado jugar al fútbol con ellos y me han pedido que tirara yo el penalti, ¡he marcado un gol!
- Hoy ha hecho un día estupendo, el sol brillaba y pudimos ir al parque un rato.
- Ha telefoneado un amigo de mi padre y nos ha invitado a pasar el fin de semana con su familia; me lo paso muy bien con ellos.
- Este fin de semana mis padres me llevarán al cine.
- Camino del colegio mi padre me ha contado una anécdota muy divertida de cuando él era pequeño.
- La maestra ha dicho que mi trabajo estaba mejor que otras veces.
- Necesitaba colores y había olvidado el estuche. Rosa me prestó los suyos sin pedírselo.
- Mi madre nos contó ayer un cuento muy bonito antes de acostarnos.
- Mi madre se ha sentido orgullosa de mí cuando le he enseñado el dibujo que he hecho.

Ahora te toca a ti hacer inventario. Intenta fijarte sólo en las cosas que van bien, en lo que resulta agradable del día a día. Empieza poniendo como mínimo dos cosas cada día en tu lista, verás que pronto empiezas a ser más sensible y a valorar más todas las cosas buenas a las que no solías dar importancia.

Recuerda

Esta actividad es útil para estimular la mejora del estado de ánimo en momentos en que las cosas no van tan bien. Es en esos momentos cuando conviene releer tu inventario. Te brindará esperanza y reducirá tu malestar ante la situación desagradable que estés viviendo.

Puedo hacer cosas nuevas

Objetivo

Reflexionar sobre la importancia de encontrar algún momento para dedicarlo a esa actividad que te gustaría realizar y que siempre aplazas.

Descripción

A veces habrás pensado en cosas que te gustaría hacer.

Y a pesar de que son actividades que te apetecen, hace tiempo que no las haces, ya sea porque no encuentras el momento o porque no te has decidido a intentarlo.

Reflexiona sobre las siguientes preguntas

- ¿Qué experimentas cuando te quedas con ganas de hacer algo?
- ¿Cómo te sientes?

Un buen día, Inés se preguntó qué le estaba impidiendo decirle a sus padres que le gustaría jugar al baloncesto. Estaba segura de que les parecería bien. Entonces, ¿dónde estaba el problema? Para Inés fue difícil encontrar una única razón y dijo varias: acabaré tarde y cansada, tal vez me retrase en las tareas escolares, no sé si seré buena jugando al baloncesto...

Pero Inés también pensó en sí misma y en lo que le aportaría la práctica del baloncesto. Encontró buenas razones: ese deporte siempre le había llamado la atención, creía que era bueno para ella hacer algo más de ejercicio, pensó que, además, le permitiría viajar si competía con escuelas de otras ciudades, sería interesante y tal vez divertido probar una nueva actividad, etc.

Finalmente, comentó su deseo con sus padres y se apuntó a clases de baloncesto extraescolar. ¡Se sintió tan feliz! Estaba intentando algo nuevo, algo que le apetecía, había dado un paso adelante y eso la hacía sentirse bien.

Piensa en todas las cosas que te gustaría hacer más a menudo. Selecciona las que más te apetecen y que consideras que vale la pena intentar poner en práctica. Selecciona una de ellas y busca la manera de llevarla a cabo.

Recuerda

Hacer cosas nuevas, demostrarte que puedes realizar tareas diferentes, es fuente de bienestar personal.

Orientaciones los educadores

Es importante controlar que las tareas que seleccionen los niños sean realistas y adecuadas a su edad.

Un libro de fundamental uso

ACTIVIDADES PARA EL DESARROLLO DE LA INTELIGENCIA EMOCIONAL EN LOS NIÑOS ha sido pensado para que diferentes tipos de usuarios y de lectores puedan trabajar con él, ya sean niños, padres o educadores.

Las actividades de este libro son muy fáciles de leer, porque los textos están escritos en un lenguaje claro y sencillo, por lo que los **niños** pueden leerlas y llevarlas a cabo ellos solos. Cualquier actividad comprendida en el libro es ideal para ocupar una tarde de lluvia y para evitar el aburrimiento. Los padres pueden proponer a sus hijos que escojan una actividad y la realicen ellos solos. Una vez la terminen, los **padres** pueden ayudarles a reflexionar revisando juntos las respuestas.

Esta obra es también una herramienta fundamental para los **educadores**, que encontrarán en ella ejemplos de cómo abordar y avanzar en la Educación Emocional de los niños entre los 8 y los 12 años de edad. Además, las **fichas** y **cuadros** que aparecen a lo largo de la obra están pensados para que se fotocopien y se entreguen a cada alumno para que los rellene.

Aparte de la división en 5 bloques de competencias, que ya se han mencionado en la introducción, este libro está estructurado en una serie de **apartados** para facilitar el trabajo con él.

En primer lugar, encontramos el apartado **Objetivo**, en el que se expresa con una sola frase el fin de la actividad. Este apartado facilita a los educadores la búsqueda de actividades para trabajar un aspecto en concreto del desarrollo de la Inteligencia Emocional.

A continuación, todas las actividades cuentan con un apartado titulado **Descripción**, en el que se detallan los pasos a realizar. Este es el apartado más importante de las actividades y puede ser usado tanto como por niños y padres, como por educadores.

Dentro de este apartado, suelen haber una serie de **preguntas sin respuesta** para que el niño reflexione. Las preguntas no tienen respuesta porque no hay una respuesta buena, el niño debe buscar por sí mismo la suya propia. En cambio, en los casos en los que se proponen relacionar frases, cosas u emociones, sí están las respuestas para que el niño pueda verificarlas él solo.

Algunas actividades cuentan con un pequeño recuadro en el que se detalla el **Material** necesario, el número de **Participantes** adecuado y la **Edad** ideal de los participantes en el desarrollo de la actividad. Este recuadro es importante puesto que para algunos ejercicios se necesita un material determinado y si no se dispone de él no podrá realizarse la actividad. Otras actividades están pensadas para realizarse en grupo o por dos personas, por lo que hay que fijarse bien en el número de personas requeridas antes de empezarlas. Por último, la franja de edad a la que va dirigida este libro (de los 8 a los 12 años de edad) es en ocasiones demasiado amplia, por lo que en algunas actividades se ha especificado a qué edad van dirigidas para orientar al educador.

El apartado **Observaciones para los educadores** está especialmente pensado para padres y educadores, pues en él encontrarán pistas y consejos para ayudarles a realizar las actividades o sugerencias sobre otras maneras de llevarlas a cabo.

El apartado **Valoración del problema** es fundamentalmente para los niños. Aparece en las actividades en las que se plantea un problema o una situación complicada, y les muestra cómo afrontar el problema con actitud positiva.

Pero el objetivo de todos no sólo debe ser el de enseñar a desarrollar la Inteligencia Emocional, sino que también debemos ayudar a los niños a recordar comportamientos y actitudes que ya conocen. De ello se encarga el apartado **Recuerda**, que aparece en algunas actividades.

Por último, el apartado **Para ayudarte a reflexionar** ofrece unas pequeñas reflexiones para que el niño piense en ella una vez terminada la actividad y vaya un poco más allá de ésta. Gracias a las aportaciones de este libro, la enseñanza de la Inteligencia Emocional será mucho más sencilla a partir de ahora.

Agradecimientos

La mayoría de los libros son el resultado de un largo trabajo en el que han participado un grupo de personas de forma directa o indirecta. Éste es un ejemplo de ello. En esta página los autores quieren manifestar su agradecimiento a las personas que de alguna forma han colaborado en su creación.

En primer lugar el agradecimiento a todos los miembros del GROP (Grup de Recerca en Orientació Psicopedagògica), que desde 1997 están investigando y desarrollando la educación emocional. Todos los autores de este libro son miembros del GROP, pero no todos los miembros del GROP figuran como autores. Algunos han participado de forma indirecta, con su apoyo, sugerencias, aportaciones, etc.

En segundo lugar queremos dar las gracias al alumnado del Máster en Educación Emocional y Bienestar, que desde 2002 ha pasado por las aulas de la Universidad de Barcelona y la Universidad de Lleida. Sus preguntas, los coloquios, las entrevistas, las tutorías, etc., han sido un estímulo constante para ir avanzando hacia un mejor conocimiento de los fenómenos afectivos que fundamentan la práctica de la educación emocional.

Gracias también a los participantes de las Jornadas de Educación Emocional, que se celebran en Barcelona anualmente desde 2005, ya que a través de comunicaciones, ponencias, mesas redondas, talleres, pósters, etc., han ido creando un cuerpo de conocimiento que sirve de base para la educación emocional.

La aportación de la FEM (Fundación para la Educación Emocional), que desde 2007 está difundiendo la educación emocional a través de investigación y formación, ha sido también indispensable. En las reuniones de la FEM se han elaborado y discutido propuestas que contribuyen a la mejora y a la difusión de la educación emocional.

Por último, queremos dar las gracias a todas las personas que de alguna forma han contribuido a hacer posible este trabajo: familiares, compañeros, alumnado, autores de otros libros, etc., y en particular a todos los que nos dejamos en el tintero.
A todos muchas gracias.